메타버스 디자인

공간, UI/UX, 아바타 디자인 가이드

정승진 · 조현재 · 강민정 지음

Metaverse Design

: A Guide to Spaces, UI/UX, and Avatars

메타버스 디자인

공간, UI/UX, 아바타 디자인 가이드

인 쇄 : 2025년 3월 7일 초판 1쇄
발 행 : 2025년 3월 14일 초판 1쇄

저 자 : 정승진 · 조현재 · 강민정
발행인 : 송 준
발행처 : 도서출판 홍릉
주 소 : 01093 서울시 강북구 인수봉로 50길 10
등 록 : 1976년 10월 21일 제5-66호

전 화 : 02-999-2274~5, 903-7037
팩 스 : 02-905-6729
e-mail : hongpub@hongpub.co.kr
http://www.hongpub.co.kr
ISBN : 979-11-5600-274-1(93000)

정 가 : 16,000원

메타버스 디자인

공간, UI/UX, 아바타 디자인 가이드

정승진 · 조현재 · 강민정 지음

Metaverse Design

: A Guide to Spaces, UI/UX, and Avatars

도서출판 홍릉

저자소개

정승진 연세대학교 통합디자인학과 조교수

연세대 생활디자인학과에서 학사 및 석사 학위를 취득 후, UX(Product) 디자이너로 활동했다. 이후 Brunel University London에서 MSc Digital Service Design을, 연세대학교에서 디자인 박사 학위를 받았다. 현재는 연결을 위한 디자인(Design for Connection)을 목표로 DC+X(Digital Communication + Experience) 분야를 연구하고 있다.

조현재 신구대학교 정보미디어학부 게임콘텐츠과 교수

이화여자대학교 생활미술과에서 시각디자인을 전공하고 University of the Arts London(UAL), LCC에서 Interactive Multimedia전공으로 '난독증 어린이를 위한 글 없는 인터랙티브 스토리텔링'으로 석사 학위를 받았다. 연세대학교 대학원 생활디자인학과에서 미래 예측 시나리오를 작성하는 방법을 연구하여 박사학위를 받았다. ㈜코리아닷컴커뮤니케이션즈와 ㈜네티앙에서 UI 인터페이스 디자인팀장으로 근무하였다. 신구대학교 게임콘텐츠과에서 VR분야의 트랜드와 VR/AR/MR 등 실감콘텐츠의 사용자 경험을 중심으로 지도 및 연구하고 있다. 미국, 아이오와 주립대학교(ISU), 시각디자인과의 Debra Satterfield 교수와 1년 간의 공동 연구로 미국의 ASD(자폐 스팩트럼 장애) 학생을 위한 디자인 워크샵 교육에 방문 연구자로 참여하였다. 한국에서 자폐청소년의 사회성 향상을 위한 디자인 워크샵을 진행하여 이를 토대로 ASD 아동의 교육적 놀이 경험을 위한 디자인 연구를 AHFE 2016에서 발표하였다. 연구 및 활동 분야는 자폐 등의 장애인의 사회성 및 공감력 증진을 위한 UXUI디자인, 웹/앱 UXUI Design, VR/AR/MR 등 실감콘텐츠의 사용자경험디자인, futures research, interactive storytelling, 등이다.

강민정 홍익대학교 조형대학 부교수

서울대학교 디자인 학부에서 시각디자인 전공으로 박사학위를 취득 하였으며, NYU ITP에서 모바일 콘텐츠 연구를 하여 석사학위를 받았다. 글로벌 디지털 광고 에이젼시 R/GA. New York에서 mobile UI/UX디자이너로 근무 하였고 국내에서는 웹디자이너로 일한 경력이 있다. 삼성전자, 카카오페이지, 네이버, 현대 자동차, Verizon, Nike클라이언트와 다양한 프로젝트를 진행하였다. 서울대, 이화여대, 성균관대, 가천대에 출강 하였으며 현재는 홍익대학교 조형대학 디자인컨버전스 학부에서 다양한 융합적인 수업을 지도하고 있다. 디지털 콘텐츠 디자인, 사용자 경험(UX), AI 기반 디자인 연구에 집중하고 있다. 특히, AI 챗봇의 성격, 이미지, 비언어적 감정 표현, 음성과 이미지 조합이 사용자 경험에 미치는 영향을 연구하며, 콘텐츠와 기술이 융합된 디자인 솔루션을 탐구하고 있다.

Preface

메타버스가 매력적인 이유는 사람들이 더욱 강하게 연결되고 소통할 수 있는 사회적 공간이기 때문이다. 우리는 메타버스에서 시간과 공간의 한계를 넘어 함께 존재한다는 공존감을 경험할 수 있다.

더욱이, 메타버스 공간은 반드시 현실의 연장선일 필요가 없다. 오히려 현실을 넘어선 무한한 가능성 속에서, 우리는 새로운 방식으로 사고하고 행동하며, 이전과는 다른 새로운 희망을 발견할 수 있다.

빠르게 변화하는 기술 트렌드 속에서도, 메타버스와 함께하는 미래 탐구는 계속될 것이다. 이 책의 공간 파트가 메타버스의 사회적 의미와 다양한 디자인 가능성에 대한 영감을 줄 수 있기를 바란다.

마지막으로, 메타버스 경험 디자인 SIG(Special Interest Group)를 지원해 주신 한국디자인학회와 오랜 시간 함께 논의하며 집필에 참여해 주신 두 저자분께 깊이 감사드린다.

2025년 3월

정 승 진

이 책은 2022년 초에 기획되었다. 2020년에 기존의 HMD들에 비해 합리적인 가격과 퀄리티를 갖춘 All-in one HMD, 메타 퀘스트2가 출시되고 메타버스 기술이 한참 뜨겁던 때에 코로나 19가 2020년부터 전세계에 팬데믹을 가져온 초유의 사태가 되면서 온라인 가상회의와 강의 방식이 절대적으로 필요하면서서 메타버스 기술은 정부와 대중들의 뜨거운 관심을 받았다. 메타버스 강의실들이 제작되었고, 메타버스 전시회, 메타버스 박람회, 비즈니스 회의공간, 메타버스를 활용한 군사훈련과 중장비 훈련 , 다양한 방식의 엔터테인먼트 공간 등 많은 수요들이 일어났다.

처음 HMD를 착용하고 VR공간을 체험하면 그야말로 신세계이다. 가상현실의 몰입성과 매력에 푹 빠지게 된다. 정부 사업으로 많은 메타버스 프로젝트들이 발주되었고, 유니티나 언리얼 엔진 등을 활용한 메타버스 프로젝트들에 UIUX를 적용해야 하는 프로젝트들이 많아졌다. 그러나 대부분의 디자이너들은 HMD를 착용하고 보는 가상 세계를 경험 조차해본 적이 없고, 그 공간 안에서의 UX와 UI에 대한 가이드에 대해 알지 못하는 경우가 많았다. 이러한 상황은 여전하지만 그럼에도 불구하고, 2018년부터 VR 프로젝트 등이 생겨나기 시작하고 2024년까지 많은 VR 프로젝트들이 산업체들에서 진행되면서 이제는 HMD 기반의 가상 세계에서의 UIUX를 다뤄본 경험이 있는 UI UX 디자이너들이 생겼다.

가상 세계는 여전히, 군사, 의료, 교육, 훈련, 게임, 엔터테인먼트 등 다양한 분야에서 활용되고 있으며 앞으로도 주요한 콘텐츠 방식으로 자리매김해 나갈 것이다. 따라서 이번에 출판하는 이 책은 가상 세계를 디자인 하는 것에 관심이 있거나 실제 프로젝트를 진행해야 하는 실무 디자이너들과 리서치를 하는 연구자들에게 의미 있는 사례와 지침을 제공하고 실마리가 되는 가이드가 되기를 바란다. 3년간 끈을 놓지 않고 함께 연구와 집필에 몰두해주신 정승진, 강민정 두 분 저자께 깊은 감사를 드리며, 사랑하는 가족과 늘 앞서 인도하시는 하나님께 감사드립니다.

2025년 3월

조 현 재

코로나19 이후로 메타버스 서비스와 인공지능 기술이 발전하면서 아바타 산업이 급속히 성장하고 있다. 이러한 추세는 향후에도 지속될 것으로 전망된다. 가상현실부터 모바일에 이르기까지 다양한 플랫폼에서 아바타가 제작되고 있음에도 불구하고, 아바타 디자인을 체계적으로 다룬 서적은 여전히 부족한 실정이다. 필자는 가상 공간에서 인공지능 아바타의 성격, 이미지, 움직임, 목소리 등을 연구하면서 아바타와 자아의 연결성 및 미래의 AI아바타의 정체성 표현에 대한 관심을 가지고 본서를 저술하게 되었다. 본서가 아바타 디자인 관련 서비스 기획, 콘텐츠 디자인, 온라인 마케팅, 플랫폼 개발을 담당하는 전문가들에게 유용한 길잡이가 되길 기대한다.

아바타 파트는 '개념', '표현', '가이드'라는 세 부분으로 구성되어 있다. 첫 번째 장에서는 자아 유형에 따른 아바타 사례와 아바타의 사용 동기 및 기능에 대한 개념을 다루어, 아바타 디자인 기획에 참고할 수 있다. 두 번째 장의 '아바타 표현'에서는 아바타의 구조, 유형, 제작 도구를 소개하고, 이를 디자인할 때 참고할 수 있는 연구 결과와 사례들을 제공한다. 마지막 장에서는 앞서 설명한 내용을 종합하여 메타버스 안에서 아바타 디자인 시 고려해야 할 열 가지 디자인 가이드를 제시하고, 아바타의 효율성을 검증할 수 있는 사용자 테스트 체크리스트를 포함하였다. 본서는 아바타 디자인과 관련된 선행연구들과 적용 사례들을 통해 실용적인 지침을 언급함으로서 가상공간에서 아바타를 효과적으로 구현하는데 도움이 되길 바란다.

끝으로 지금까지 함께 저술을 하면서 끝까지 마무리 할 수 있게 힘이 되어준 정승진, 조현재 저자님께 깊은 감사를 드립니다. 또한 항상 곁에서 힘이 되어준 가족과, 이 책이 세상에 나올 수 있도록 인도해주신 하나님께 깊은 감사를 드립니다.

2025년 3월

강 민 정

Contents

CHAPTER 01

메타버스와 공간환경

CHAPTER 02

메타버스와 인터페이스

CHAPTER 03

아바타

CHAPTER 1

메타버스와 공간환경

정승진

1-1 메타버스 공간환경의 이해

1 공간 환경의 중요성

공간 환경은 인간의 사고와 행동에 영향을 미치며 나아가 집단의 문화를 반영하고 공유하는 역할을 한다. 공간 환경은 물리적인 요소뿐 아니라 심리적, 인지적, 행동적 요소들을 포괄하는 다면적 차원의 대상으로 철학자, 지리학자, 인류학자, 심리학자, 컴퓨터 과학자들 모두 지속적으로 주목해온 연구 주제이다. 공간에 대한 초기의 연구는 주로 인류학자들에 의해 진행되었지만, 1980년대 이후부터는 심리학자들의 관심을 받으며, 공간의 환경 요인과 인지과정에 초점을 두기 시작했다(Patterson & Quadflieg, 2016). 이후 디자인 연구에서는 공간이 사용자에게 제공하는 심리적, 감성적 요인, 특히 새로운 공간 경험에 주목 했다. 동일한 기능을 가진 공간이라도 디자인의 관점과 제공 방식에 따라 사용자의 경험이 달라질 수 있기 때문이다.

2019년 유네스코 세계문화유산으로 등재된 미국 뉴욕의 구겐하임 미술관(Guggenheim Museum)은 전통적인 사각형 전시공간에서 벗어난 나선형의 구조로 유명하다. 구겐하임 미술관은 미국의 건축가 프랭크 로이드 라이트(Frank Lloyd Wright)가 솔로몬 구겐하임(Solomon R. Guggenheim)의 의뢰를 받아 디자인한 것으로, 라이트는 기존 미술관의 전형적인 형태에서 벗어나길 원했던 구겐하임의 바람에 따라 미술관을 열린 공간으로 설계했다. 그 결과, 구겐하임 미술관의 독창적인 건축 구조는 관람객에게 신선한 경험을 제공할 뿐 아니라, 작품과 건축공간을 동시에 체험하는 새로운 전시 상호작용을 가능하게 했다(그림 1 참고). 이는 공간의 구조가 사용자 경험을 어떻게 변화시킬 수 있는지를 보여주는 대표적인 사례이다.

그림 1. 구겐하임 미술관(출처: 구겐하임 미술관 웹사이트)[1)]

공간의 구조 뿐 아니라 공간 내 컨텐츠 또한 사용자 경험을 높이는 데 중요한 역할을 한다. 최근 각광받는 복합문화공간이 그 대표적인 예로, 두 가지 이상의 예술 분야를 결합하여 방문객의 감성과 경험을 자극하고, 스토리 중심의 총체적 경험을 제공하는데 기여하고 있다. 한 예로, 시몬스 테라스(SIMMONS Terrace)는 차별화된 공간 경험을 통해 브랜드 가치에 긍정적 영향을 준 사례로 평가된다. 시몬스 테라스의 복합문화공간은 외관 뿐 아니라 콘텐츠에도 차별성을 두어, 문화 콘텐츠와 결합된 쇼룸을 선보였는데 이는 차별화된 공간 경험으로 이어졌으며, 결과적으로 사용자들의 시몬스 브랜드에 대한 긍정적 태도 형성에 기여했다(그림 2 참고).

그림 2. 시몬스 테라스(출처: 시몬스 테라스 웹사이트)[2)]

2 메타버스 공간 환경의 이해

메타버스는 가상 세계를 의미하며, 그 경험은 개인에 국한되지 않고 다수의 공동 경험을 포괄한다. 즉, 메타버스는 다수의 모임을 전제로 하며, 이러한 모임이 이루어지기 위해서는 구성원들이 공동으로 인지할 수 있는 사회적 공간이 필요하다. 이때, 가상 공간은 실제 세계와 유사한 형태로 재현될 수도 있지만, 물리적 세계와는 전혀 다른 차원의 공간 경험을 제공할 수도 있다. 그림 3과 같이, 메타버스 공간 환경은 교실이나 일상의 풍경처럼 친숙한 모습일 수도 있고, 우주처럼 실재하지만 경험하기 어려운 공간일 수 도 있으며, 나아가 초현실적인 형태로 구현될 수도 있다. 이처럼 가상 공간의 형태는 다양하게 나타날 수 있으나, 궁극적으로 사회적 상호작용을 위한 공동의 공간이라는 본질적 역할은 변함이 없다.

그림 3. Mozila Hubs의 공간환경 예[3)]

특히, 가상 공간의 역할은 사용자 경험의 초기 단계에서 더욱 중요하게 작용한다. 사회적 관계가 형성되기 전, 특히 불특정 다수가 모이는 상황에서는 공간이 전달하는 비언어적 메시지가 더 큰 의미를 갖는다. 사용자가 메타버스 공간에 처음 진입할 때는 낯선 환경에 대한 어색함과 더불어, 사회적 관계 형성에 대한 막연한 두려움을 느낄 수 있다. 이때, 가상 공간의 디자인에 따라 사용자 간의 자연스러운 관계 형성이 보다 원활하게 이루어질 수 있다.

3 가상 공간 환경과 어포던스 디자인

가상의 공간 환경 역시 물리적 공간 환경과 마찬가지로 사용자의 반응과 행동 방식에 주요한 요소로 간주된다. 연구에 따르면, 가상 공간의 환경적 요소(예: 장면, 장소)는 사회적 프레임을 결정하는 데 중요한 역할을 한다(McVeigh-Schultz et al., 2019). 가상 세계에 진입한 사용자들은 자신이 속한 가상 공간이 어떠한 장소인지를 파악하기 위해 건축적 요소를 통해 정보를 수집하며, 이는 공간 내 어포던스 디자인(Affordance design)의 필요성을 시사한다.

어포던스(Affordance)는 미국의 심리학자 제임스 깁슨(James Gibson)이 유기체과 환경 사이의 관계를 설명하기 위해 제안한 개념으로(Gibson, 1976), 이후 도널드 노먼(Donald Norman)에 의해 디자인 분야에 적용되었다. 노먼이 설명한 어포던스는 사람들이 사물이나 환경을 어떻게 인식하고 활용하는지를 의미한다. 공간에서 어포던스를 디자인하는 것은 인간과 환경 간의 상호작용을 촉진하는 요소로, 사용자의 행위를 결정짓는 데 중요한 역할을 한다(그림 4 참고). 어포던스는 특정한 행동을 강요하지 않지만, 사용자가 주어진 환경에서 가능한 행동에 대한 힌트를 제공함으로써 자연스러운 상호작용을 유도한다.

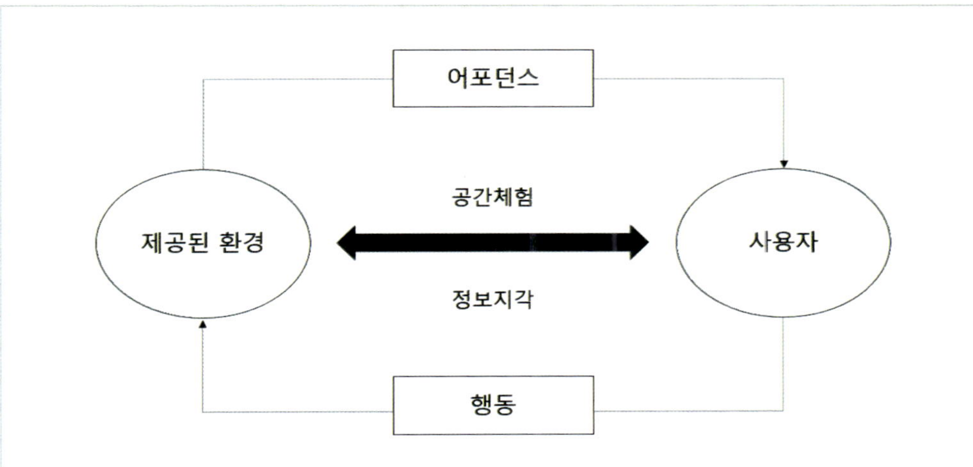

그림 4. 어포던스의 역할[4)]

구체적으로, 사용자들은 가상 환경을 이미 익숙한 물리적인 세계의 댁락과 연결하여 이해하는 경향이 있다(그림 5 참고). 따라서 가상 공간에는 사용자가 직관적으로 인식할 수 있는 실제적 단서가 어포던스 디자인을 통해 제공되어야 한다. 이러한 단서가 부족할 경우, 사용자는 가상 환경을 이해하는데 시간이 걸리며, 이는 높은 학습 곡선(High learning curve)으로 이어진다. 즉, 사용자가 직관적으로 이해하기 어려운 환경이거나, 공간과의 상호작용을 위해 별도의 학습이 필요한 경우, 대부분의 사용자는 해당 공간에 머무르기보다는 빠르게 이탈할 가능성이 높다.

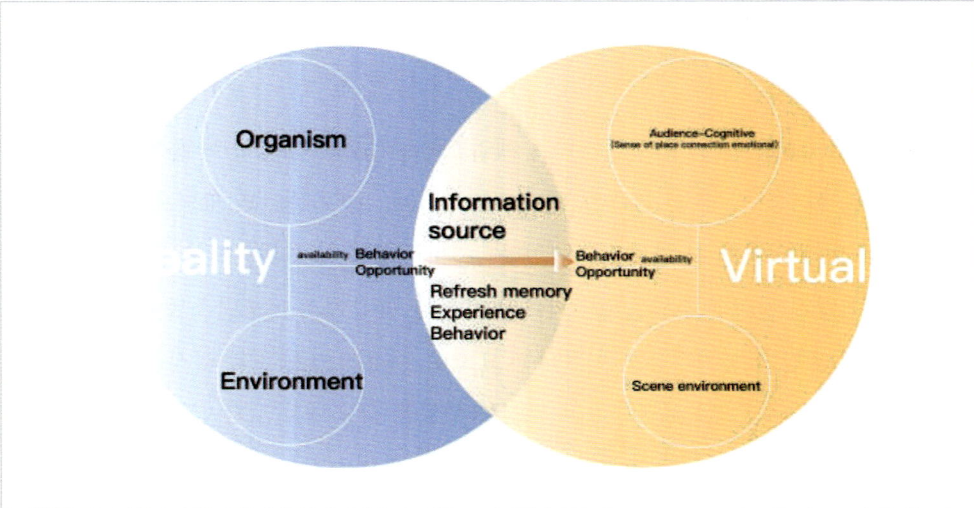

그림 5. 현실을 통한 가상의 이해[5)]

4 메타버스 환경을 위한 사회적 어포던스 디자인

메타버스는 다수의 사용자를 위한 가상 공간 환경이 특징이다. 따라서 메타버스 공간은 개인의 경험을 넘어, 사용자 간의 사회적 경험을 고려해야 한다. 가치 있는 사회적 상호작용을 지원하기 위해, 메타버스 공간 환경은 개인의 행동을 유도하는 어포던스 디자인에서 한단계 나아가, 의미있는 대인적 커뮤니케이션을 촉진하는 사회적 어포던스(Social Affordance)를 반영해야 한다. 사회적 어포던스는 깁슨(Gibson)이 제시한 어포던스 개념을 확장한 것으로, 사회적 관행과 규범에 의해 형성되는 상호작용의 가능성 또는 행동 가능성을 의미한다(Carvalho, 2020). 가상 환경 디자이너는 사회적 어포던스를 유도하는 공간 구조를 설계하거나, 공간 내 사회적 어포던스를 형성할 수 있는 요소를 배치함으로써 사용자 간의 사회적 상호작용을 촉진할 수 있다.

특히, 사회적 어포던스는 건축적 요소를 통해 시각적으로 표현된다. 가상 공간에서 사용자들은 벽, 칸막이, 가구와 같은 시각적으로 재현된 건축적 요소를 통해 해당 공간을 학교, 사무실, 집과 같은 특정 장소로 인식하며, 이에 따라 현실에서 학습된 사회적 행동을 가상 공간에서도 동일하게 보일 가능성이 높다. 또한, 공간 내 오브젝트는 보다 구체적인 행동을 유도하는 역할을 한다. 예를 들어, 탁 트인 공원 중앙에 테이블이 배치되어 있다면 사람들은 자연스럽게 테이블 주변으로 모여 대화를 나눌 가능성이 높다. 마찬가지로, 특정 위치에서 불빛이 반짝이면 사람들은 자연스럽게 불빛이 있는 쪽으로 이동할 가능성이 높아진다. 따라서 디자이너는 사회적 어포던스 디자인을 활용하여 사용자 간의 자연스럽고 의미 있는 상호작용을 유도할 수 있다.

그림 6. 메타버스 환경의 사회적 어포던스(위: Altspace VR[6], 아래:RecRoom[7])

1-2 메타버스 공간디자인 요소

1 개인적 공간(Personal space)

메타버스 환경은 다수의 사용자가 참여하는 공간이므로, 공동의 공간과 개인의 공간이 적절히 조화롭게 제공되는 것이 사용자의 심리적 안정감을 높이는 데 유용하다. 개인적 공간의 확보는 가상 현실에서 사용자가 사회적 상호 작용을 보다 안정적으로 수행할 수 있도록 지원하는 역할을 한다. 따라서 개인 공간을 가시적으로 보여주는 것은 사용자가 공간을 탐색하고, 상대방과 상호작용할 때 심리적 안정감을 제공하며, 나아가 긍정적인 상호작용을 촉진하는데 기여할 수 있다(그림 7 참고).

그림 7. 개인적 공간의 시각화[8)]

이러한 개인적 공간의 개념은 미국의 인류학자인 에드워드 T. 홀(Edward T. Hal)의 연구에 근거를 찾을 수 있다. 그는 근접학(Proxemics) 개념을 개발했으며, 인간 대인 관계에서의 거리를 4단계로 설명했다. 한편, 고등교육을 위한 몰입형 세계 제작을 지원하는 figments.nrw는 가상 공간에서 사용자 간 거리와 관련된 가이드라인을 제공하며, 이를 통해 사회적 거리감에 따른 사용자 경험을 보다 정교하게 설계할 수 있도록 돕고 있다.

(1) 친밀한 거리(< 45cm)

이 범위는 실제 세계에서 물리적 접촉 가능성이 높은 거리로, 상대방에 대한 인식이 강해지며, 가까운 거리에서 오는 심리적 불편함이 가상 세계에서도 그대로 전달될 수 있다. 따라서, 사용자의 프라이버시 보호를 위해 이 영역은 제한적으로 접근 가능하도록 설계되는 것이 바람직하다. 예를 들어, 특정 의도를 가지고 다른 사용자의 이동을 차단할 수 있도록 설정할 수도 있다.

(2) 개인적인 거리(45–120cm)

이 거리는 너무 가깝거나 불편하게 느껴지지는 않지만, 여전히 친밀감을 인식할 수 있는 범위이다. 사용자는 이 거리에서 다른 사람의 얼굴 특징 및 신체 움직임을 명확하게 볼 수 있으며, 원활한 언어적 또는 비언어적 소통이 가능하다. 가상 공간에서 아바타의 디자인, 애니메이션, 반응성은 특히 이 영역과 밀접하게 관련되며, 대화 집중도를 높이기 위해 거리에 따라 음성 크기를 자동으로 조정하는 기능이 효과적으로 활용될 수 있다. 또한, 접근 제한, 음성 차단과 같이 타인으로부터 자신을 보호하기 위한 기능적 장치가 필요할 수 있다.

(3) 사회적 거리(120–360cm)

이 거리는 일반적인 사회적 상호작용이 이루어지는 공간으로, 현실 세계에서와 마찬가지로 가상 환경에서도 비교적 안정감을 주는 거리이다. 특히 HMD(Head-Mounted Display)의 해상도 한계로 인해 거리가 멀어질수록 상대방의 얼굴 특징을 세밀하게 인식하는 능력이 감소하고, 충분한 거리로 인해 원치 않는 직접적 신체 접촉이 불가능해지므로, 보호 조치가 거의 필요하지 않거나 전혀 필요하지 않다.

(4) 공공의 거리(> 360cm)

이 거리는 대규모 공간에서 이루어지는 공개적인 상호작용의 범위에 해당한다 이 거리에서는 아바타의 외모와 표정의 뉘앙스가 감소할 뿐만 아니라, 사용자 간의 직접적인 상호작용이 어려워질 수 있다. 그러나 손을 흔들거나, 다가가는 움직임과 같은 특정한 동작을 통해 멀리 있는 사용자의 주의를 끌 수 있다. 공공의 가상 공간에는 다수의 사용자가 함께 존재하기 때문에 불필요한 주의 산만을 방지하는 설계가 필요하다. 이를 위해 거리에 따라 오디오 크기를 조정하는 기능이나 동시에 그룹 전체에 메시지를 전달하는 기능이 필요할 수 있다.

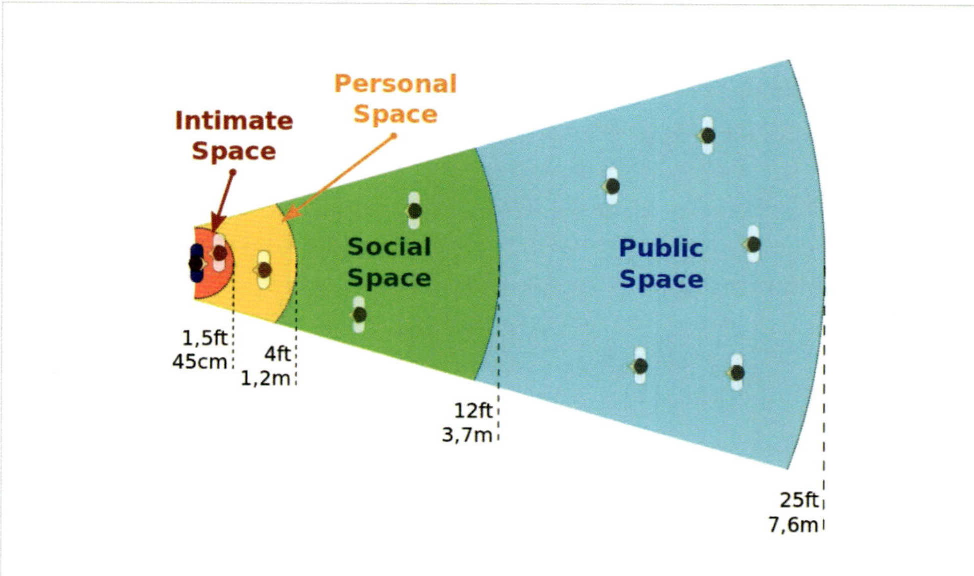

그림 8. 개인적 공간의 이해[9)]

2 가상공간의 현존감(Presence)

가상 공간의 가상현실이 제공하는 현존감(Presence)을 통해 인식된다. 현존감은 사용자가 가상 세계에 실제로 존재하는 듯한 느낌을 의미하며, 원격 현존감(Telepresence), 공간 현존감(Spatial Presence), 체화된 현존감(Embodied Presence), 사회적 현존감(Social Presence)등 다양한 차원에서 논의된다. 공간과 관련된 현존감은 환경에 놓여 있다는 확신 (Wirth et al., 2007)을 의미하며, 사용자가 물리적으로 특정 위치에 존재한다고 느끼지만, 실제로는 그렇지 않은 주관적 경험이다(Hartmann et al., 2015). 가상현실의 현존감에 영향을 미치는 공간적 구성 요소에 대한 연구에서는 공간의 크기, 비례, 재질, 조명, 가구, 개구부 등이 주요 요소로 제시되었다(신유진, 2005). 본 저서에서는 가상공간의 현존감에 영향을 미치는 주요 공간 요소를 표 1과 같이 크기, 비례, 재질, 조명, 오브젝트, 개구부로 구분한다. 이러한 공간 구성 요소들은 가상 환경 내에서 사용자의 몰입감을 향상시키고, 공간적 존재감을 형성하는 데 중요한 역할을 한다.

표 1. 가상현실의 현존감을 위한 공간 구성 요소[10)]

공간구성요소	개념
크기(Scale)	가상공간에 적용된 공간 크기의 물리적인 치수로 인간이 지각하는 공간의 크기를 의미함
비례(Proportion)	가상현실에서 재현된 공간의 넓이감과 깊이감으로 경험에 의해 지각된 사물의 크기를 기준으로 상대적으로 인지됨
재질(Texture)	만져보지 않아도 경험을 통해 느끼는 감각으로 현실감의 정도를 결정짓는데 중요한 요소로 작용됨
조명(Lighting)	공간의 크기, 분위기를 조절하는 요소로 공간감을 연출할 수 있음
오브젝트(Objects)	공간안에 배치된 건축적 요소들로 공간의 성격을 규정하고 공간감을 제공함
개구부(Openings)	공간 내에서 막혀 있지 않고 뚫려 있는 부분으로 기능적 개방 뿐 아니라 정서적인 공간감을 제공함

(1) 크기(Scale)

공간의 크기는 메타버스 공간을 구성하는 핵심 요소이자 디자인의 주요 결정 요소이다. 가상환경에서는 공간 크기에 대한 물리적 제약은 없지만, 일반적으로 한정된 공간으로 제공된다. 공간의 크기는 사용자의 물리적 행동뿐만 아니라 심리적 경험에도 영향을 미치며, 특히 메타버스의 주요활동인 대인 커뮤니케이션과 협업에 중요한 영향을 미친다. 메타버스에서 대인 커뮤니케이션과 협업을 위한 공간 크기를 설정할 때, 넓은 공간과 좁은 공간 그리고 실내 공간과 실외 공간을 고려할 수 있다. 일반적으로 실외 공간은 넓은 공간으로 인식되지만, 환경에 따라 사용자들의 정서 반응이 다르게 나타날 수 있다. 그러나 대체로 좁은 공간이 대인 커뮤니케이션에 유리하며, 넓은 공간이 협업에 긍정적인 영향을 미치는 것으로 간주된다.

좁은 공간이 대인 커뮤니케이션 보다 긍정적인 영향이 미친다는 근거로, 한 실험에서는 75명의 연구 참여자를 좁은 공간과 넓은 공간에서 대화를 하도록 했다. 그 결과, 좁은 공간이 상대적으로 소통의 반응 정도에 있어 유의미하게 긍정적인 영향을 미친 것으로 보고되었다(송원철 외, 2022). 반면, 더 크고 개방적인 공간은 긍정적인 영향을 주는 것으로 나타났다. 구체적으로, 넓은 공간은 비언어적 동시성(Non-verbal Synchrony)을 높이며, 그룹 응집력과 즐거움 등 긍정적인 경험을 증진한다고 보고되었다(Han et al., 2023). 그러나 이러한 연구 결과는 특정한 상황과 맥락에 따라 다르게 나타날 수 있으며, 경우에 따라 상반된 결과를 초래할 수도 있다. 예를 들어, 공간이 너무 넓거나 화려한 경우, 사용자의 관심이 공간 환경 자체로 분산되거나, 사람들이 사방으로 흩어 지는 현상이 발생할 수 있다. 또한, 협업의 효과는 공간의 크기뿐만 아니라 구성원의 특성, 협업 내용 등 다양한 요인에 의해 영향을 받을 수 있기 때문에, 공간 선택 시 맥락적 고려가 필수적이다. 이에 따라, 사용자가 직접 공간 크기를 설정할 수 있도록 권한을 부여하거나, 활동 유형 및 참여 인원에 따라 적절한 공간 환경을 추천하는 기능이 요구될 수 있다.

그림 9. Han et al. (2023)의 연구에서 제시된 환경[11)]

(2) 비례(Proportion)

공간의 비례 역시 사용자 경험에 영향을 미친다. 그리고 공간의 비율은 너비(Width), 깊이(Depth), 높이(Height)의 크기에 따라 결정된다. 실내공간에서 가장 일반적인 비례는 직사각형 형태이다. 직사각형 공간은 구획이 용이하고, 가구 배치에 유리한 구조를 갖는다. 반면, 천장이 높은 공간은 웅장함과 개방감을 느끼게 하는 효과가 있다. 사용자는 공간의 비율에 따라 공간 크기를 편향적으로 인식하는 경향이 있는데, 연구에 따르면 동일한 부피의 공간이라도 깊이가 증가하고 너비가 감소할수록 공간을 더 크게 인식하는 경향이 있다고 보고된다(Saulton et al., 2016). 또한, 가상 공간에서 밝은 천장과 밝은 벽이

방의 높이를 더 크게 인지하게 만든다는 연구 결과가 있으며, 이는 컬러에 따라 공간 비율이 다르게 느껴질 수 있음을 시사 한다(Oberfeld & Hecht, 2011).

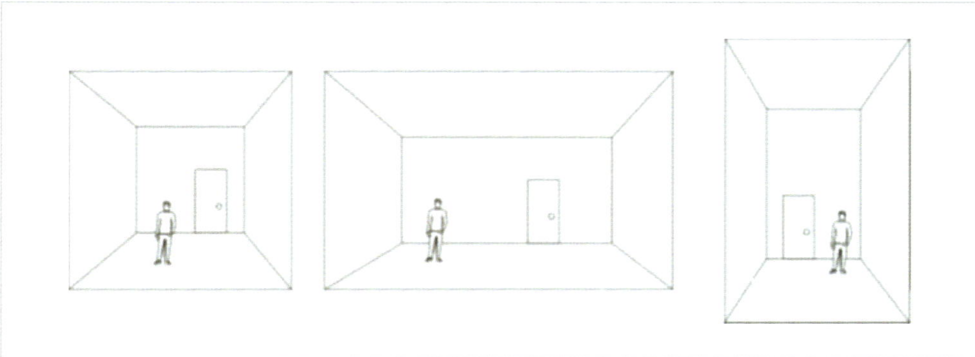

그림 10. 비례에 따른 공간감[12)]

(3) 재질(Texture)

질감의 표현인 재질은 가상 공간을 실제처럼 느끼게 하는데 중요한 역할을 한다. 재질 표현은 가능한 사실적으로 묘사되는 것을 목표로 하며, 그 디테일의 수준은 가상 공간의 완성도를 결정짓는 핵심 요소가 된다. 가상현실에서는 시각적 외관을 비교적 쉽게 변경할 수 있지만, 사실적인 질감을 구현하는 것은 까다로운 과정이다. 일반적으로 가상 장면의 구현은 모델링(modeling), 텍스처 페인팅(texture painting), 그리고 가상현실 프로그래밍(VR programming)의 3단계를 거쳐 개발된다. 3D 모델링 소프트웨어인 Blender, 3Ds Max, Zbrush 등은 기본적인 텍스처 기능을 제공하지만, 보다 정교한 재질 표현을 위해 Substance Painter, Mari, Armor Paint, Quixel Mixer와 같은 전문 소프트웨어를 활용할 수 있다(Tang & Ho, 2020). 가상현실에서 사실적이고 디테일한 텍스처 매핑(Texture Mapping)은 생생한 몰입감을 제공하는 핵심 요서이며, 햅틱 피드백(Haptic Feedback)을 통합할 경우 사용자 경험을 더욱 향상시킬 수 있다(Degraen et al., 2019). 그러나 너무 선명한 재질표현은 사이버 멀미(Cyber Sickness)의 원인이 될 수 있으므로 필요에 텍스처의 디테일을 조절하는 것이 중요하다(Chen et al., 2022).

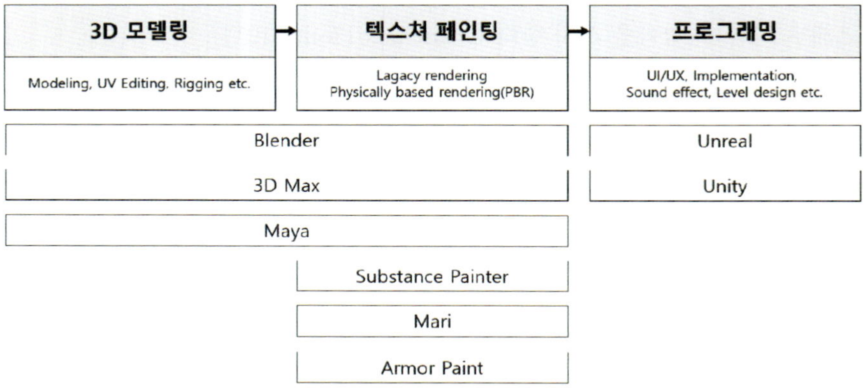

그림 11. 재질(텍스쳐) 디자인 프로세스[13]

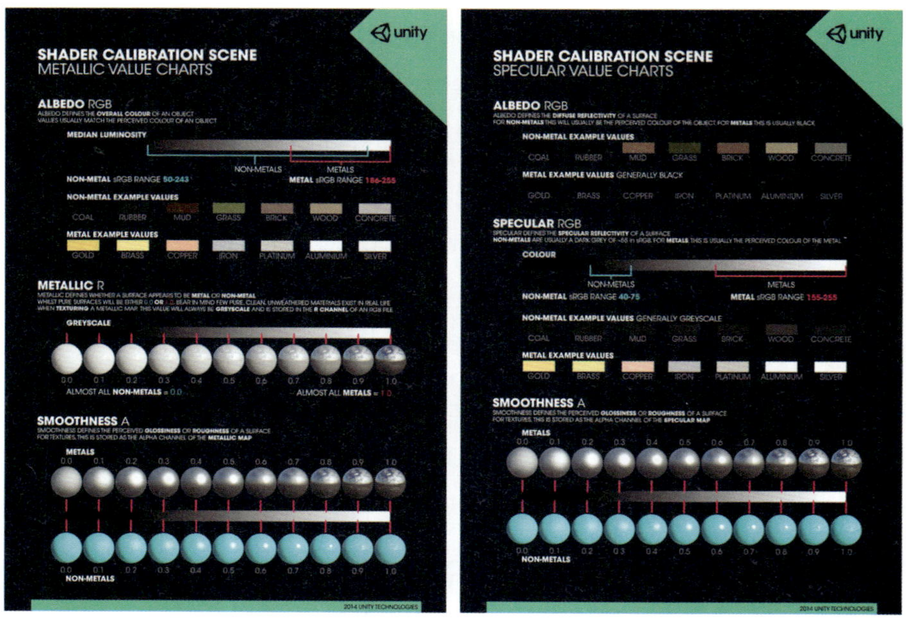

그림 12. 재질 설정을 위한 차트(왼쪽: Metallic, 오른쪽: Specular)[14]

(4) 조명(Lighting)

조명은 현존감을 높이는 것뿐만 아니라, 가상 공간을 효과적으로 탐색하는 데 중요한 역할을 한다. 또한, 조명은 공간의 분위기를 결정짓는 주요 요소로, 조명의 종류에 따라 특정한 감성적 반응이나 분위기를 유도할 수 있다. 가상현실의 조명에는 주변조명(Ambient

Lighting), 방향조명(Directional Lighting), 포인트조명(Point Lighting), 스팟조명(Spot Lighting) 등이 있다. 주변 조명은 환경광 또는 주변광으로, 특정한 객체에서 발생하는 것이 아니라 공간 전체를 감싸는 빛을 의미한다. 특정한 방향성이 없으며, 개체를 구분할 수 있는 최소한의 빛을 제공한다. 방향조명은 무한히 떨어진 위치에서 빛을 발산하는 조명으로, 태양광과 같은 효과를 내기에 적합하다. 방향조명은 빛의 방향에 따라 그림자를 생성하여 장면에 사실감을 부여한다. 포인트조명은 한 지점에서 모든 방향으로 균등하게 빛을 발산하는 조명으로 특정 개체를 강조하거나, 공간 내 따뜻한 분위기를 조성하는 데 활용될 수 있다. 스팟조명은 원뿔 모양으로 빛을 집중적으로 발산하는 조명으로 특정 영역을 강조하는 데 효과적이며, 드라마틱한 연출에 활용될 수 있다.

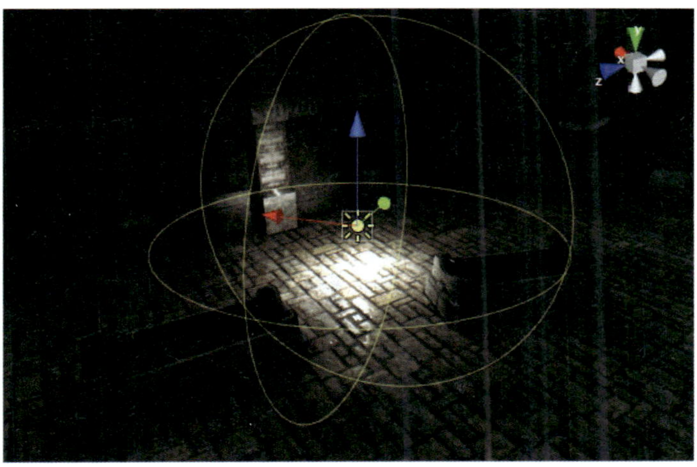

그림 13. 조명의 종류[15)]

가상 세계에서는 사용자 상호작용이나 이벤트에 따라 조명이 드라마틱하게 변경될 수 있으며, 사용자의 니즈에 따라 조명을 조정할 수 있는 기능이 제공될 수도 있다. 예를 들어 메타(Meta)의 호라이즌 월드(Horizon Worlds)는 사용자가 직접 조명을 설정할 수 있는 기능을 제공한다. 사용자는 보이지 않는 물체를 활용하여 조명을 조정할 수 있는데, 주변조명(Ambient Lighting)인 하늘의 색을 지정하거나, 안개의 농도를 조절하여 빛이 퍼지는 방식을 변경할 수 있다.

그림 14. 조명의 사용자화(예: Horizon Worlds)[16)]

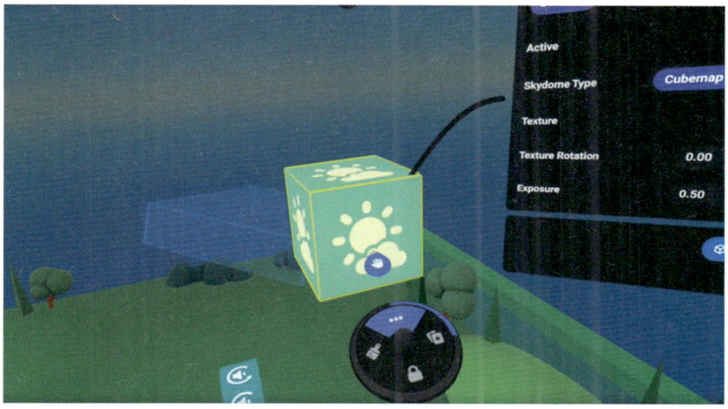

그림 15. 주변 조명 설정(예: Horizon Worlds)[17]

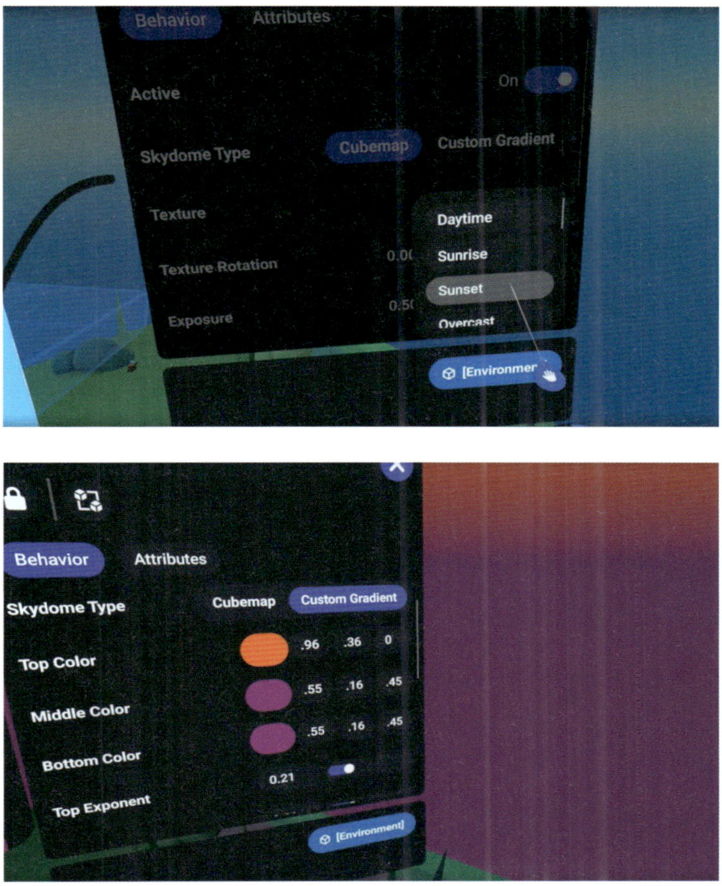

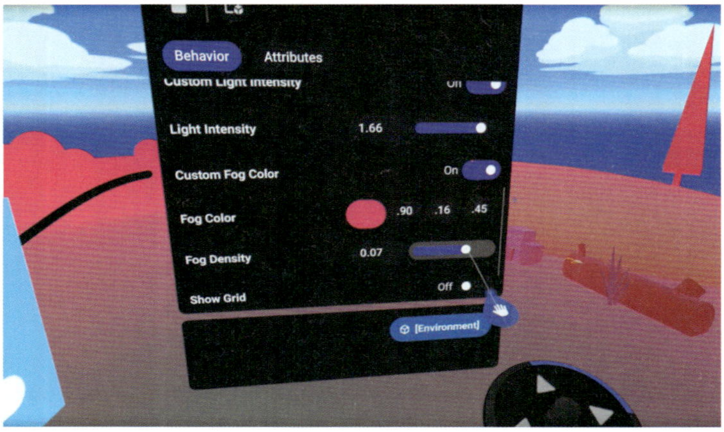

그림 16. 조명 설정 화면(예: Horizon Worlds)[18)]

(5) 오브젝트(Objects)

공간에 배치된 다양한 오브젝트 역시 현존감을 높이는 주요한 공간적 요소이다. 오브젝트를 통해 사용자는 공간의 스타일과 유형을 파악하고, 해당 공간에서 어떤 활동이 가능한지를 가늠하게 된다. 실제 세계에서 공간 내 위치하고 있는 장치나 가구, 도구들은 각자의 쓰임이 있는 경우가 대부분이다. 따라서 가상 공간에서도 사용자는 배치된 오브젝트가 단순한 장식인지, 혹은 상호작용이 가능한지 궁금해 할 가능성이 높다. 따라서 공간 내 오브젝트가 단순한 시각적 배경인지, 구체적인 기능을 수행하는 인터랙티브 오브젝트인지에 대한 정보를 제공하는 것이 사용성을 높이기 위해 필요하다. 가장 일반적으로는 아이 트래킹(Eye Tracking) 또는 컨트롤러의 포인터 기능을 통해 인터랙션이 가능한 오브젝트가 하이라이트 되는 방법이 있으며, 오브젝트에서 빛이 나거나 소리가 나는 등 사용자의 주의를 끄는 주변 환경을 제공하는 경우도 있다.

그림 17. 오브젝트 상호작용(예: Our Dinosaur Era)[19]

그림 18. 오브젝트 상호작용(예: Half-Life: Alyx)[20]

특히 한정된 실내 공간에서는 오브젝트의 위치를 변경함으로써 공간을 더욱 다양하게 활용할 수 있다. 가상 세계에서는 공간 자체를 변경하는 경우도 빈번하지만, 동일한 장면에서 오브젝트의 위치만 조정함으로써 불필요한 공간 이동을 최소화하고, 활동의 일관성을 유지할 수도 있다. 예를 들어, 메타(Meta)의 호라이즌 워크(Horizon workroom)은 회의 목적에 따라 동일한 공간 내에서 테이블과 좌석 구조를 유연하게 변경할 수 있도록 다양한 책상 배치 옵션을 제공하고 있다(그림 19 참고).

그림 19. 오브젝트 옵션 변경(예: Workroom seating layout)[21][22]

(6) 개구부(Opening)

가상 세계에서 제공 가능한 공간의 크기에는 물리적인 제약이 없지만, 효과적인 대인 인터랙션을 고려하여 한정된 공간을 제공하는 것이 일반적이다. 이러한 한정된 공간은 벽으로 둘러싸여 있을 수도 있고, 장애물 등에 의해 이동 가능한 공간이 제한될 수도 있다. 하지만 개구부가 제공이 되면, 제한된 가상 환경이 덜 답답하게 느끼며, 공간을 통해 외부 풍경을 감상하는 등 시각적 즐거움을 경험할 수 있다. 더하여 사용자는 개구부가 작은 것보다 넓은 것을 선호하는 경향이 있다. 창문 크기에 따른 사용자 반응을 비교한 연구에 따르면, 창대 벽 비율(Window-to-Wall Ratio, WWR)이 높을수록 시각적 편안함과 개방성에 대한 만족도가 증가하는 것으로 나타났다.

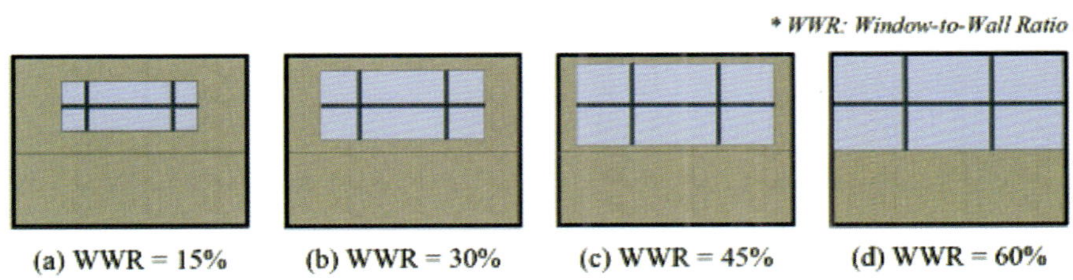

그림 20. 개구부의 크기에 따른 사용자 만족도 비교[23)]

3 표현 충실도(Representational fidelity)

가상 현실의 공간 디자인 요소는 총체적으로 표현 충실도의 정도를 결정한다. 재현된 가상 공간은 현실을 닮아 있을 수 있고, 현실과는 전혀 다른 상상이 공간일 수도 있다. 현실과 닮아 있는 공간은 표현 충실도가 높은 공간이며, 현실과 닮아 있지 않는 공간은 표현충실도가 낮은 공간으로 설명된다. 이러한 접근은 Milgram et al. (1995)이 제시한 실제-가상의 연속체(Reality-Virtuality Continuum)와도 관련이 있으며, 근본적으로 역설적 개념인 '가상과 '현실'의 존재론적 접근과도 연결된다. 현실 기반 환경(Reality-based Environment)은 시간적, 경제적인 한계로 실제 공간을 방문하기 어려운 경우나, 비교적 위험이 낮은 환경에서 반복적인 훈련이 필요한 경우 효과적인 대안이 될 수 있다. 하지만 인간은 불만족스러운 현실에서도 늘 희망의 공간을 상상해 왔다는 점에서, 현실과는 전혀 다른 상상의 가상 공간은 인간의 본질적 욕구를 충족시킬 수 있는 잠재력을 지닌다(Wertheim, 2000). 그리고 이러한 환경은 가상 기반 환경(Virtual-based Environment)이라 할 수 있다. 그림 21은 가상환경의 표현 충실도를 스펙트럼으로 제시한 것으로, 현실 기반 환경은 현실을 정확하게 표현하는 것을 목표로 하며, 친숙한 공간과 높은 수준의 사회적 어포던스를 제공하는 반면, 가상 기반 환경은 실제 세계의 공간과 근본적으로 다르며, 보다 추상적이고 낮은 수준의 사회적 어포던스를 제공 하는 특징을 갖는다.

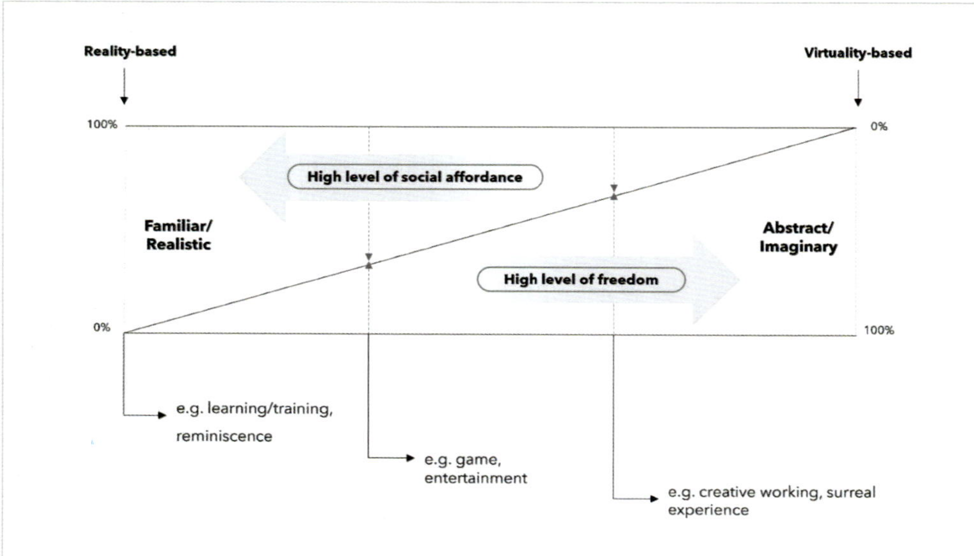

그림 21. 공간디자인 스펙트럼[24)]

4 건축적 요소

건축적 요소는 고정적 요소(Fixed-feature Elements)와 반고정적 요소(Semi-Fixed Feature Elements)로 분류할 수 있다(Burgoon et al., 2016). 고정적 요소는 바닥, 천장 및 벽과 같이 공간의 크기와 형태를 결정짓고, 쉽게 변경하기 어려운 특징을 가진다. 반고정적 요소는 의자, 테이블, 식물 등과 같이 공간내에서 비교적 쉽게 이동할 수 있는 유동적인 요소로 위치가 조정될 수 있다(그림 22 참고). 이러한 반고정적 요소들은 공간 내 액티비티의 목적에 따라 의도적으로 배치할 수 있으며, 이를 통해 특정한 공간 경험을 유도할 수 있다. 따라서 메타버스 공간에서 사용자 간 상호작용을 원활하게 하기 위해 건축적 요소를 적극적으로 고려하는 것이 중요하다.

Fixed-feature elements	Semifixed-feature elements
floors, ceilings, wall, windows, backgrounds etc.	furniture (e.g. table, chair), plant, bulletin boards etc.

그림 22. 건축적 요소의 구분[25]

5 공간 정보와 길찾기

가상 공간의 이동 방식은 연속적인 방식(Continuous Movement)과 비연속적인 방식(Discrete Movement)이 있다. 연속적인 이동 방식은 현실에서 이동하는 것처럼 순간이동 없이 자연스럽게 공간을 이동하는 방식을 의미한다. 사용자는 직접 걸어서 이동하거나, 컨트롤러를 활용해 가상 공간을 연속적으로 이동할 수 있다. 비연속적인 이동 방식은 메뉴 또는 아이콘을 클릭하거나, 공간 내 특정 위치를 선택하여 즉각적으로 이동하는 방식을 의미한다. 이는 순간이동(Teleportation) 방식과 유사하며, 긴 거리를 빠르게 이동할 때 유용하다. 어떤 방식이든 사용자가 실제로 움직일 수 있는 물리적 공간보다 가상 공간의 크기가 넓은 것이 일반적이며, 사용자는 가상 공간을 실제 신체 움직임과 물리적으로 일치하게 이해하기보다는, 인지적으로 이해하는 경향이 있다. 이러한 특성은 가상 공간에서의 길 찾기를 어렵게 만들 수 있으며, 특히 공간 내에 유사한 모습의 여러 구획이 존재할 경우 사용자가 방향을 잃거나 같은 공간을 반복해서 이동하는 문제가 발생할 가능성이 높아진다. 이를 방지하기 위해 이동 경로를 한 방향으로 제한하여 길 잃는 문제를 최소화하거나, 이동 가능한 공간을 메뉴 형태로 제공하여 사용자가 보다 직관적으로 이동할 수 있도록 지원하는 방식이 활용될 수 있다. 이러한 설계는 가상 공간에서 사용자의 공간 인지 부담을 줄이고, 보다 원활한 탐색과 이동 경험을 제공하는 데 기여할 수 있다.

1-3 메타버스 공간환경디자인 가이드라인

Guide 1. 공간 내 사회적 촉매제로 인해 자연스러운 사회적 인터랙션을 유도할 수 있다.

사회적 공간에서는 사회적 인터랙션을 촉진시킬 수 있는 촉매제 역할을 하는 장치를 제공하는 것이 효과적이다. 사회적 촉매제(Social Catalyst)는 참여자의 구체적인 행동을 유도한다는 점에서 사회적 어포던스의 개념과 연결되며, 이를 통해 자연스러운 상호작용을 유발할 수 있다. 가상 세계의 넓은 들판은 사회적 공간으로 단정짓기 애매한 개방된 공간일 뿐이지만, 그 중앙에 모닥불이 있다면 들판은 하나의 사회적 공간이 될 수 있다. 사람들은 자연스럽게 모닥불을 중심으로 네트워크를 형성할 가능성이 높기 때문이다. 나아가, 모닥불 옆에 마시멜로 꼬치가 놓여 있다면 사람들은 이를 굽는 행동을 통해 더욱 자연스럽게 사회적 관계를 형성할 수 있으며, 이때 마시멜로 꼬치는 가상 공간에서 사회적 촉매의 역할을 했다고 할 수 있다(그림 23 참고). 또 다른 예로 테이블 위의 카드, 해변에 놓인 폭죽 도구 역시 사회적 촉매제가 될 수 있다. 가상 공간의 참여자는 공간의 건축적 요소로부터 사회적 맥락에 대한 힌트를 얻을 수 있지만, 이는 단순한 시각적 정보 제공에 그칠 수 있으며, 구체적인 행동까지 유도하지는 못할 가능성이 있다. 따라서 사회적 촉매제는 아이스브레이킹 단계에서 매우 효과적이며, 의미 있는 사회적 행동으로 이어지는 결정적인 계기가 될 수 있다.

그림 23. 사회적 공간에서 제공되는 사회적 촉매제[26)]

Guide 2. 개인적인 공간에서부터 시작하는 것이 심리적 안정감에 도움이 될 수 있다.

낯선 공간과 낯선 사람으로 인해 야기되는 불안은 일상에서 흔히 경험하는 자연스러운 감정이다. 새로운 사람을 처음 만날 때, 사람들은 긴장하거나 두려움을 느낄 수 있으며, 이는 가상 환경에서도 마찬가지로 나타날 수 있다. 따라서, 가상 경험이 개방된 사회적 공간에서 바로 시작되는 것보다, 개인적인 공간이나 통로를 거쳐 점진적으로 사회적 공간으로 진입하는 것이 심리적 안정감을 높이는 데 더욱 효과적이다. 즉, 사용자가 서서히 사회적 공간에 적응할 수 있도록 온보딩(Onboarding) 공간을 제공하는 것이 불분명한 불안을 해소하고, 보다 편안한 환경에서 가상 경험을 시작하는 데 도움이 된다. 이에 따라, 사회적 가상 플랫폼에서는 본격적인 사회적 공간으로의 참여 이전에 개인적 공간을 제공하는 것이 일반적이며, 이를 통해 사용자는 가상 환경에 대한 심리적 준비를 갖출 수 있다. 이러한 맥락에서 RecRoom은 기숙사 방 형태의 개인 공간을 제공하며, 사용자가 사회적 공간으로 이동할 때도 통로를 따라 서서히 이동하도록 설계하여 심리적 안정감을 높이고 있다(그림 24-25 참고).

그림 24. 메타버스의 온보딩 공간(예: RecRoom)[27][28]

그림 25. 개인공간에서 사회적 공간으로의 이동(예: RecRoom)[29]

Guide 3. 탁트인 시야를 제공하는 것은 사용자 경험에 도움이 된다.

물리적 환경과 마찬가지로, 가상의 공간에서도 참여자들은 사방이 막혀 있는 폐쇄적인 환경을 긍정적으로 인식하지 않는 경향이 있다. 공간이 좁더라도 창문과 같은 개구부를 통해 풍경이 보이는 경우, 공간에 대한 평가가 긍정적으로 변화할 수 있다. 개방감을 제공하는 요소는 심리적인 안정감을 높이는 데 기여하며, 동시에 공간에 대한 호기심을 자극하여 더욱 몰입감을 높이는 역할을 할 수 있다.

Guide 4. 배경의 변화로 전반적인 분위기를 변경할 수 있으며 빛은 중요한 역할을 한다.

빛의 밝기와 톤은 공간의 전체적인 무드를 결정하고, 사용자의 정서에 직접적인 영향을 미친다. 물리적 공간과 달리, 가상 공간에서는 배경을 자유롭게 변경할 수 있기 때문에, 다수의 Social VR 플랫폼에서는 사용자의 선호에 맞춰 배경을 설정할 수 있는 기능을 제공한다. 나아가, 배경이 시간의 흐름에 따라 변하거나 특정 인터랙션에 반응하여 배경이 변화하는 것 또한 사용자 경험에 긍정적인 효과를 줄 수 있다. 그러나, 배경의 잦은 변화가 사용자 간의 인터랙션에 집중하는 데 방해가 될 수도 있으므로, 이러한 기능을 조절할 수 있는 추가적인 설정 옵션이 필요할 수 있다.

Guide 5. 반고정적 특성의 오브젝트의 경우, 사용자는 적절한 인터랙션을 기대하며, 이에 부응하지 못할 경우 사용자 경험에 부정적인 영향을 미칠 수 있다.

현실 공간에서 제공되는 반고정적 요소는 대부분은 특정한 쓰임을 가지고 있다. 따라서 가상 공간에서도 반고정적 특성을 가진 오브젝트는 의미 있는 목적을 가지고 배치되었다고 사용자들은 자연스럽게 간주한다. 예를 들어 의자는 앉을 수 있고 필요에 따라 옮길 수 있을 것으로 예상 되며, 칠판은 글을 쓰거나 지울 수 있는 기능을 제공할 것이라고 기대한다. 심지어 장식적인 요소인 화분과 같은 오브젝트조차도 사용자가 직접 만질 수 있을 것이라 생각할 가능성이 크다. 가상 공간의 사용자는 단순한 시각적 배경을 넘어 공간을 적극적으로 탐색 하고, 목적에 맞게 활용할 수 있을 것이라 기대하는 경향이 있다. 하지만 가상 공간내 오브젝트가 단순한 시각적 장식에 불과하고, 아무런 기능을 제공하지 않는다면 사용자 기대에 부응하지 못해 부정적인 경험으로 이어질 수 있다. 그러나 현실적으로 모든 가상 공간의 그래픽 요소가 인터랙션 기능을 가질 수 있는 것은 아니므로, 기능이 있는 오브젝트를 효과적으로 인식할 수 있도록 디자인하는 것이 중요하다. 예를 들어, 인터랙션이 가능한 오브젝트는 하이라이트 효과를 적용하거나, 시각적 피드백을 제공하여 사용자들이 쉽게 알아차릴 수 있도록 설계하는 것이 바람직하다. 또한, 별도의 가이드를 제공하여 사용자들이 오브젝트의 기능과 활용법을 명확히 이해할 수 있도록 하는 것도 사용자 경험 향상에 기여할 수 있다.

그림 26. 사용자의 기대와 불일치한 인터랙션(예: Mozilla Hub)

Guide 6. 사용자는 가상 공간만의 경험을 기대한다.

인류가 가상공간을 추구하는 이유는 현실과는 다른 공간을 갈망하기 때문이기도 하다. 개인에 따라 완전한 가상을 원하는 경우도 있고, 현실과 유사한 공간을 선호하는 경우도 있지만, 본질적으로 사용자들은 가상 공간이 제공하는 새로운 경험을 기대한다. 이러한 새로운 경험은 현실과 전혀 다른 초현실적인 공간을 통해 가능해질 수 있다.

Guide 7. 공간의 가상성이 높은 경우, 창의성에 긍정적 영향을 미칠 수 있으며, 이때 창의적 도구의 제공이 중요하다.

현실과 매우 다른 가상 공간은 사용자들에게 새로운 경험을 제공하며, 이전에는 떠올리지 못했던 창의적인 사고와 접근 방식을 유도하는 데 도움을 줄 수 있다. 이러한 공간은 정의하기 어려운 형태를 지니거나, 기존에 보지 못한 공간일 수도 있으며, 현실적으로 접근이 어려운 우주나 심해와 같은 환경을 포함할 수도 있다. 사용자들은 처음 마주하는 공간에서 새로운 시도들을 하기 위한 동기를 얻을 수 있으며, 이러한 창의적 가능성을 극대화하기 위해서는 창의적 도구를 적절히 제공하는 것이 중요하다.

Guide 8. 공간의 모습이 현실과 닮아 있을 경우, 심리적 안정감에 도움을 준다.

사용자들은 현실과 유사한 공간을 경험할 때 심리적인 안정감을 느끼는 경향이 있다. 익숙한 공간은 공간의 목적과 쓰임을 쉽게 예측할 수 있도록 하며, 사용자가 새로운 환경에 적응하는 부담을 줄여준다. 또한, 사회적 규범에 따라 현실에서 하던 익숙한 활동을 그대로 이어갈 가능성이 높아지며, 이를 통해 가상 공간에서도 자연스럽고 유의미한 상호작용이 이루어질 수 있다.

Guide 9. 공간디자인에는 trade-off가 존재한다.

사용자들은 현실과 유사한 공간을 경험할 때 심리적인 안정감을 느끼는 경향이 있다. 익숙한 공간은 공간의 목적과 쓰임을 쉽게 예측할 수 있도록 하며, 사용자가 새로운 환경에 적응하는 부담을 줄여준다. 또한, 사회적 규범에 따라 현실에서 하던 익숙한 활동을 그대로 이어갈 가능성이 높아지며, 이를 통해 가상 공간에서도 자연스럽그 유의미한 상호작용이 이루어질 수 있다.

Guide 10. 복잡한 공간의 경우 시각적 안내와 적절한 레이블링이 필요하다.

현실의 공간과 마찬가지로, 복잡한 가상 공간에서는 지도가 필요하며, 공간을 구성하는 각 섹션에 대한 적절한 레이블링이 요구된다. 더욱이, 가상 공간에서는 실제 몸을 움직여 이동하는 방식이 아니기 때문에, 360도 환경을 직관적으로 이해하는 것이 어려울 수 있다. 이러한 문제를 해결하기 위해 보다 단순한 공간 구성이 도움이 될 수 있으며, 공간 이동 기능을 제공하여 사용자가 쉽게 탐색할 수 있도록 지원하는 것이 중요하다. 가상 공간 내에서 사용자가 길을 잃거나 목적지를 찾는 데 어려움을 겪지 않도록, 명확한 시각적 안내 요소와 인터페이스 설계를 적용하는 것이 필요하다.

참고문헌

1) Carvalho, E. (2020). Social Affordance. Encyclopedia of Animal Cognition and Behavior, 1-4.

2) Chen, C. Y., Chuang, C. H., Tsai, T. L., Chen, H. W., & Wu, P. J. (2022). Reducing cybersic kness by implementing texture blur in the virtual reality content. Virtual Reality, 1-12.

3) Chung, S. J., Jo, H. J., & Lee, H. (2022). A comparison of behaviours and responses towards different social VR environments in initial social interaction. Archives of Design Research, 35(3), 53-67.

4) Degraen, D., Zenner, A., & Krüger, A. (2019). Enhancing texture perception in virtual realit y using 3D-printed hair structures. In Proceedings of the 2019 CHI conference on human fac tors in computing systems, 1-12.

5) Gibson, J. J. (1976). The theory of affordances and the design of the environment. In Symp osium on perception in architecture. Toronto: Lawrence Erlbaum Associates.

6) Han, E., Miller, M. R., DeVeaux, C., Jun, H., Nowak, K. L., Hancock, J. T., Ram, N., & Bail enson, J. N. (2023). People, places, and time: a large-scale, longitudinal study of transforme d avatars and environmental context in group interaction in the metaverse. Journal of Comp uter-Mediated Communication, 28(2), 1-27.

7) Hartmann, T., Wirth, W., Schramm, H., Klimmt, C., Vorderer, P., Gysbers, A., Bocking, S., Ravaja, N., Laarna, J., Saari, T., Gouveia, F., & Sacau, A. M. (2015). The spatial presence experience scale (SPES). Journal of Media Psychology.

8) McVeigh-Schultz, J., Kolesnichenko, A., & Isbister, K. (2019). Shaping pro-social interacti on in VR: an emerging design framework. In Proceedings of the 2019 CHI Conference on Human Factors in Computing Systems, 1-12.

9) Milgram, P., Drascic, D., Grodski, J. J., Restogi, A., Zhai, S., & Zhou, C. (1995). Merging real and virtual worlds. In Proceedings of IMAGINA, 95, 218-230.

10) Oberfeld D., & Hecht H. (2011). Fashion Versus Perception: The Impact of Surface Lightne ss on the Perceived Dimensions of Interior Space. Human Factors, 53(3), 284–298.

11) Patterson, M. L., & Quadflieg, S. (2016). The physical environment and nonverbal commun ication. APA Handbook of Nonverbal Communication, 189-245.

12) Saulton A., Mohler B., Bülthoff H. H., & Dodds T. J. (2016). Egocentric biases in comparati

ve volume judgments of rooms. Journal of Vision, 16(6):2, 1–16.

13) Tang, Y. M., & Ho, H. L. (2020). 3D modeling and computer graphics in virtual reality. In mixed reality and three-dimensional computer graphics. IntechOpen.

14) Wirth, W., Hartmann, T., Böcking, S., Vorderer, P., Klimmt, C., Schramm, H., Saari, T., Laarni J., Ravaja N., Gouveia F. R., Biocca, F., Sacau, A., Jancke, L., Baumgartner, T. & Jäncke, P. (2007). A process model of the formation of spatial presence experiences. Media psychology, 9(3), 493-525.

15) 송원철, 정한나, & 정동훈. (2022). 대화 공간의 크기와 대화 주제가 메타버스 경험에 주는 영향. 한국게임학회 논문지, 22(1), 65-75.

16) 신유진. (2005). 가상현실에 구현된 실내 공간의 현실감 향상을 위한 기초연구. 대한건축학회 논문집, 21(7), 11-18.

이미지 출처

1) https://www.guggenheim.org/teaching-materials/the-architecture-of-the-solomon-r-guggenheim-museum
2) https://www.simmons.co.kr/factorium/terrace
3) https://hubs.mozilla.com/
4) 김미영, & 문정민. (2011). 감성체험을 위한 공간의 어포던스 특성 분석: 박물관 사례를 중심으로. 한국실내디자인학회 논문집, 20(4), 92-100.
5) Zhang, R. (2022). Research on Immersive Scene Modeling Language Design of Virtual Reality Animation Based on Affordance Design. In International Conference on Human-Computer Interaction, 130-137.
6) https://en.wikipedia.org/wiki/File:AltspaceVR_11_10_2020_9_36_41_AM.png
7) https://rec-room.en.softonic.com/
8) https://figments.nrw/en/dev-05-personal-space-boundaries/
9) https://thecreativescienceteacher.net/?p=196
10) 김경은, 남경숙(2020).가상 전시 공간의 사용자 경험 향상을 위한 공간디자인 표현 연구. 한국실내디자인학회 학술대회논문집,22(2),319-322.
11) Han, E., Miller, M. R., DeVeaux, C., Jun, H., Nowak, K. L., Hancock, J. T., Ram, N., & Bailenson, J. N. (2023). People, places, and time: a large-scale, longitudinal study of transformed avatars and environmental context in group interaction in the metaverse. Journal of Computer-Mediated Communication, 28(2), 1-27.
12) Grimley, G. & Love, M. (2017). 인테리어 디자인 아카데미. 장정제 역, 시공문화사.
13) Tang, Y. M., & Ho, H. L. (2020). 3D modeling and computer graphics in virtual reality. In mixed reality and three-dimensional computer graphics. IntechOpen.
14) https://docs.unity3d.com/560/Documentation/Manual/StandardShaderMaterialCharts.html
15) https://docs.unity3d.com/Manual/Lighting.html
16) https://www.oculus.com/horizon-worlds/learn/tutorial/custom-lighting/#artistic-tips
17) https://www.meta.com/help/quest/articles/horizon/create-in-horizon-worlds/using-the-environment-gizmo/
18) https://www.meta.com/help/quest/articles/horizon/create-in-horizon-worlds/using-the-env

ironment-gizmo/

19) https://www.oculus.com/experiences/gear-vr/1236726999709837/

20) https://www.gamestar.de/artikel/half-life-alyx-pro-contra-test,3355798.html

21) https://www.meta.com/ko-kr/blog/quest/workrooms/

22) https://metamandrill.com/horizon-workrooms/

23) Hong, T., Lee, M., Yeom, S., & Jeong, K. (2019). Occupant responses on satisfaction with window size in physical and virtual built environments. Building and Environment, 166, 10 6409.

24) Chung, S. J., Jo, H. J., & Lee, H. (2022). A Comparison of Behaviours and Responses towar ds Different Social VR Environments in Initial Social Interaction. Archives of Design Resea rch, 35(3), 53-67.

25) Chung, S. J (2023) Comparison of user behaviour and affective responses towards social V R environments. [Doctoral dissertation, Yonsei University].

26) https://www.facebook.com/RecRoomOfficial/photos/a.365989157178656/125414392502 9837/?type=3

27) https://rec-room.fandom.com/wiki/Dorm_Room

28) https://www.reddit.com/r/RecRoom/comments/qnlovm/an_update_on_the_2016_rec_room _dorm_im_working_on/?rdt=42256

29) https://www.fiverr.com/bobvrqc/your-dorm-room-in-rec-room-no-invention

CHAPTER 2

메타버스와 인터페이스

조현재

2-1 HMD(Head Mounted Display)기반의 메타버스

1 HMD 기반의 메타버스의 개념

메타버스의 개념은 1935년 SF소설 <피그말리온의 안경 Pygmalion's Spectacles>이라는 책에서 시작되었다고 볼 수 있다. 이 책은 지금 우리가 HMD(Head Mount Display) 등의 장비로 추구하는 것과 놀라우리만큼 비슷한 미래를 보여주고 있다. <피그말리온의 안경>은 안경과 기타감각 장비를 통해 인지하는 대안 세계를 그린 최초의 공상과학 소설일 듯하다.

그림 1. HMD를 그림으로 묘사한 〈피그말라온의 안경〉 표지 디자인(Stanley G. WeinBaum, 1935)[1)]

메타버스라는 용어는 닐 스티븐슨이 1992년에 발표한《스노우 크래쉬》라는 소설에서 유래한다. 다음은 작품 속에 표현된 메타버스에 대한 묘사이다.. "... 그의 고글과 이어폰에 계속 공급해주는 가상의 세계에 들어가게 되는 것이었다. 컴퓨터 용어로는 <메타버스>

라는 이름으로 불리는 세상이었다. …"

이후에 HMD는 머리 부분에 장착해, 이용자의 눈앞에 직접 영상을 제시할 수 있는 디스플레이 장치로 개발되었다. 1968년, 유타 대학의 이반 서덜랜드가 만든 것이 최초의 HMD로 평가받고 있다.

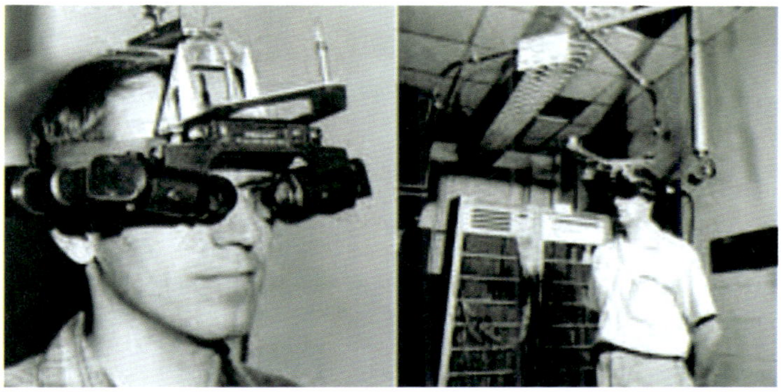

그림 2. 유타 대학의 이반 서덜랜드가 만든 최초의 HMD[2)]

그림 3. 시대별 HMD(Ellis S. R., 2014)[3)]

2 HMD의 종류

(1) PC기반 HMD

PC기반 HMD로서 널리 사용되었던 대표적인 제품은 2018년에 출시되었던 VIVE PRO FULL KIT이다. PC와 유선으로 연결하거나 무선으로 연결하여 사용한다. 고용량 콘텐츠에 유리하다.

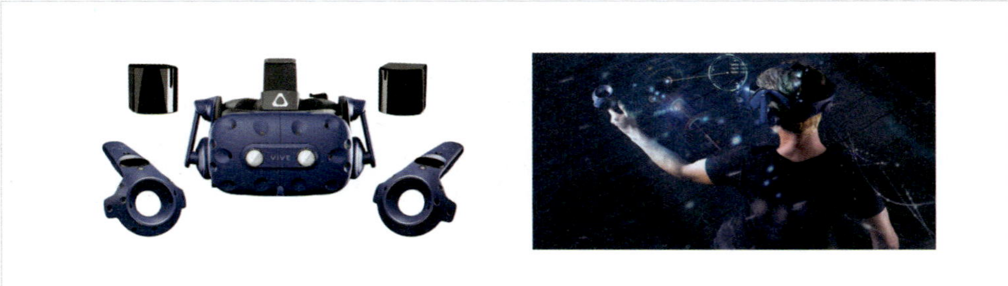

그림 4. 2018년에 출시한 VIVE Pro Full KIT[4)]

(2) All in one HMD

All in one HMD 제품은 컴퓨터가 내장되어 있어 PC를 연결 할 필요가 없으므로 무선으로 작동한다. HMD와 양손 컨트롤러로 구성되어 있다. 2020년에 출시되었던 Oculus Quest2가 가격 대비 좋은 성능으로 많은 사용자들이 PC기반 HMD에서 All in one HMD로 전환하는 계기를 마련하였다. 그 후로 Meta에서 Quest pro, Quest3 등을 지속적으로 출시하여 All in one HMD가 대세가 되었다.

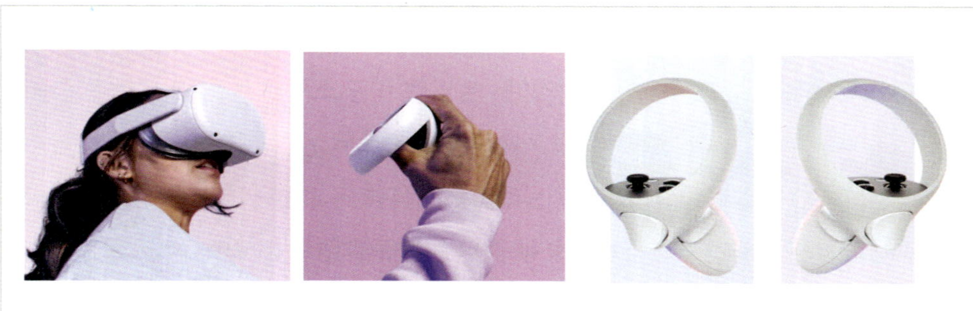

그림 5. 2020년에 출시한 Oculus Quest2[5)]

3 HMD의 원리

(1) 양안시차

사람의 왼쪽 눈과 오른쪽 눈은 약 6-7cm 간격이 있다. 같은 물체일지라도 다른 위치에서 보면 모양과 위치에 차이가 생기는데 이를 시차라고 한다. 인간의 좌안과 우안은 몇 cm 떨어져 있으므로 각각 보는 영상에 차이가 생긴다. 즉, 양안시차란 왼쪽 눈과 오른쪽 눈의 거리의 차이에 의해 사물을 볼 때 발생하는 영상의 차이를 의미한다.

(2) 시야(Field of view)와 전체 시야

시야란 한 물체를 보고 있을 때 보이는 범위를 말한다. 인간의 시야 범위는 160도이다. HMD 안에서 가상 세계를 볼 때에 뒤 돌아본다면 360도를 모두 볼 수 있지만 정면을 바라볼 때 보이는 시야는 160도 범위이다.

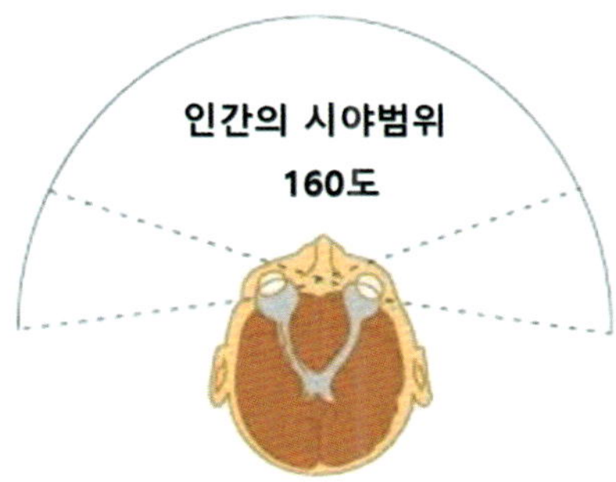

그림 6. 인간의 시야범위[6)]

우리는 자세히 보기 위해 중심 시야를 사용하지만, 현실이나 가상 세계에서 '주변시야'는 중요한 기능을 한다. 시야는 어떤 시점에 우리가 볼 수 있는 각도치다. 사람의 눈은 수평 시야가 160도이며 정면을 볼 때의 총 수평 시야는 200도이므로 우리는 머리 양쪽 면 뒤로 각각 10도 정도 더 볼 수 있다. 게다가 눈동자를 왼쪽 오른쪽으로 굴려보면 양측면에서 50도를 더 볼 수도 있다. 즉, 가능한 시야를 모두 덮는 HMD이려면 수평 시야가 300도는 되어야 한다. 물론 몸과 고개를 돌리면 사방 360도를 다 볼 수 있다. 반면에, 우리 눈은 이마와 상체가 가리고 있고, 두 눈이 수직으로 배열되어 있지 않기 때문에 수직 방향으로는 그리 많이 볼 수 없다. 이마가 걸려서 위로는 60도, 아래로는 75도 정도를 볼 수 있다. 따라서, 총 수직 시야는 135도에 그친다(제이슨 제럴드, 2019).

(3) 자유도(DoF, Degree of Freedom)

VR분야에서 자유도는 기기가 인식할 수 있는 이용자의 움직임의 추적 범위를 의미한다. HMD 기기들은 크게 3 DoF까지 인지할 수 있는지, 6 DoF까지 인지할 수 있는지 두 가지로 나뉜다.

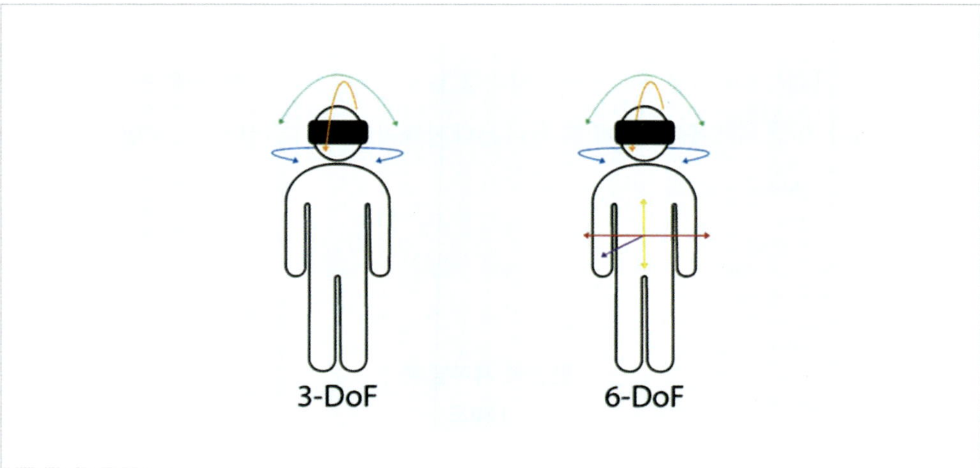

그림 7. HMD에서 3 DoF와 6DoF의 차이[7)]

3차원 공간에는 X, Y, Z축이 있으므로 3 DoF는 고개를 X축 방향으로 회전하는 roll, Y축 방향으로 회전하는 pitch, Z축 방향으로 회전하는 yaw의 세 가지 방향으로 회전하는 것을 감지할 수 있는 것을 의미한다.

반면에, 6DoF는 3 DoF 회전에 더해서 체험자가 HMD를 착용한 채로 몸이 이동하는 것을 동시에 추적 가능하다. 몸을 좌우로 이동하는 strafing, 앞뒤로 이동하는 surging, 앉았다가 일어나듯이 위아래로 이동하는 elevating 등의 세 가지 움직임을 추가로 감지할 수 있다.

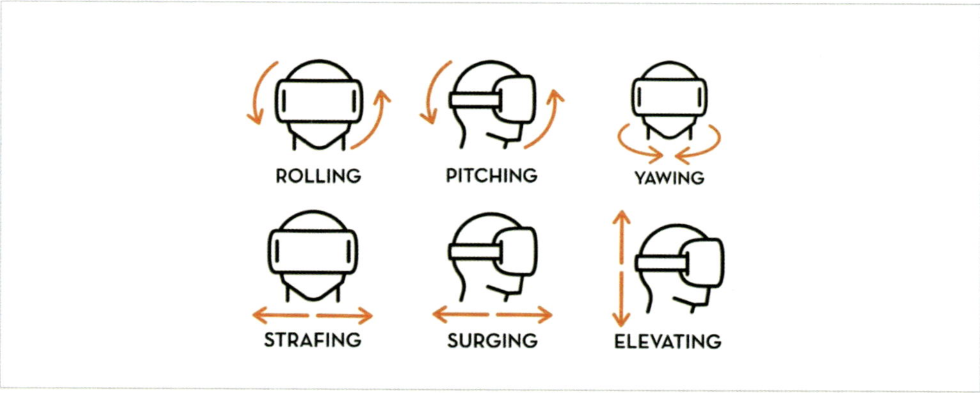

그림 9. 6DoF의 여섯 가지 회전 방향[8)]

2-2 메타버스 UI(User Interface) 디자인 구성요소

1 디지털 디바이스의 변화에 따른 UIUX의 변천사 개요

UIUX는 아날로그 디바이스부터 다양한 디지털 디바이스의 등장에 따라 사용성의 개선을 위해 다양한 모습으로 변화해 왔다. 1980년대와 90년대에는 도널드 노먼이 제품디자인과 컴퓨터 UX디자인에 이르기까지 사용성에 대해 다양한 기준을 제시하였고, 2000년대에는 제이콥 닐슨이 웹을 기반으로 한 사용성 평가 기준들을 제시하였다. 2010년대에 스마트폰이 대중화 되면서 애플과 안드로이드에서는 모바일 앱 개발자와 디자이너, 기획자들을 위한 온라인 가이드를 제시하기 시작하였다. 2017년에는 구글에서 HMD 기반의 VR UX에 대한 가이드를 제시하였다. 이들이 제시한 가이드들은 오늘날에도 유효한 기준이 되고 있어서 UI UX 디자이너라면 숙지지하는 것이 의미가 있다.

표 1. 아날로그 시대의 UX디자인부터 디지털 디바이스의 변화에 따른 UIUX 가이드의 변화

UX분야	제품디자인 /컴퓨터 UX	Web UX	Mobile UX	HMD 기반 VR UX
제공	Donald A. Norman	Jakob Nielsen	Material.io	Google AR & VR
시기	1988	2000년대	2010년대	2017
		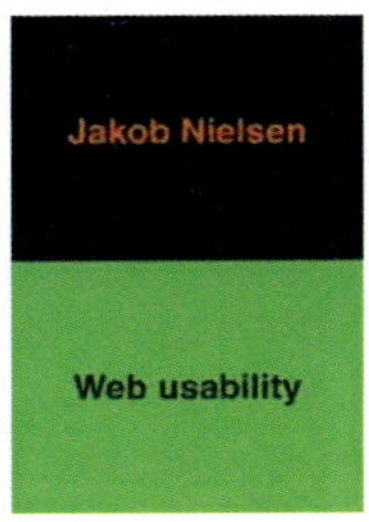		

2 UX디자인의 시작

도널드 노먼은 디지털 디바이스 시대 이전에 이미 UIUX의 개념을 정립한 것으로 유명하다. 그는 <The DESIGN of EVERYDAY THINGS> 등의 저서에서 일상생활 용품에서의 affordance 등의 사용성과 관련된 개념들을 정립하였다. 인지과학자였던 도널드 노먼 박사는 90년대 초에 애플에 사용자 경험 설계자로 합류하여 직책에 "사용자 경험 디자인(UX)"을 최초로 사용하였다. 이는 산업 디자인, 그래픽, 인터페이스, 물리적 상호 작용 및 매뉴얼을 포함하여 시스템에 대한 사람의 경험의 모든 측면을 다루고자 만든 용어이다. 1988년에 The Psychology of Everyday Things(나중에 Design of Everyday Things로 업데이트됨)를 출판하였다. 이 책은 오늘날까지도 UX 디자인의 필수 요소로 남아 있고, affordances, signifiers, feedback 등과 같은 디자인의 많은 실용적인 면을 다루었다(Donald Norman, 1995). 그가 제시한 주요 개념들인 반성적 사고와 체험적 표상, 단순함과 복잡함, 행동유도성(Affordance)에 대해 살펴보자.

(1) 반성적 사고와 체험적 표상

그래프가 숫자표보다 낫다. 이유는 그래프의 선의 길이가 숫자값에 비례하기에 지각적으로 다른 값과 비교할 수 있기 때문이다. 인간은 공간적으로 인지하기 때문에 지각적 정보에 매우 의존한다. 공간적, 지각적 관련성을 이용하는 표상은 인간의 지각 시스템을 효율적으로 이용할 수 있게 하고 체험적으로 사고할 수 있게 한다.

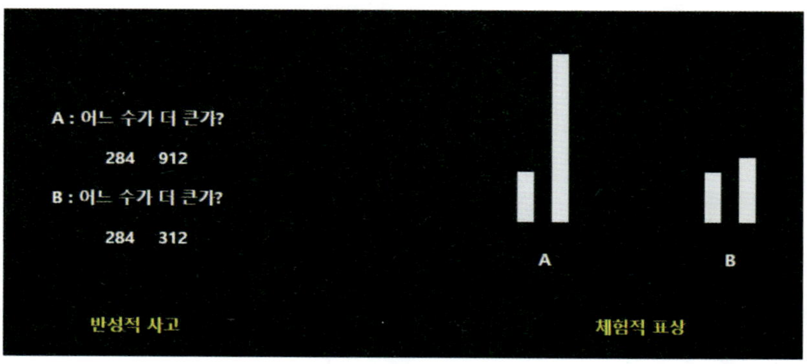

그림 10. 반성적 사고와 체험적 표상의 예시

(2) 단순함과 복잡함

도널드 노먼(2018)은 단순한 디자인이 오히려 복잡한 디자인보다 사용하기 어려울 수도 있다고 했다. 너무 단순화해서 충분히 기능을 담지 못하는 경우이다. 충분한 기능과 설명이 사용성을 높일 수도 있다. 그가 말한 단순함과 복잡함의 개념은 VR 공간 안에서 UI디자인을 할 때도 적용할 수 있는 개념이다. 즉, VR 공간에서 UI는 HMD를 착용했기 때문에 눈에 보이지 않는 컨트롤러의 버튼들과 눈에 보이는 VR 공간의 인터페이스를 조작해서 작동해야 한다. VR에 익숙하지 않거나 해당 콘텐츠에 익숙하지 않은 사용자라면 컨트롤러의 어느 버튼으로 내 눈에 보이는 VR공간을 어떻게 조작해야 할지, 또는 VR 공간 내에서의 버튼은 어떻게 조작해서 콘텐츠와 인터랙션 해야 할지 모를 것이다. 이때, 단순한 인터페이스보다 텍스트 레이블(Text lable)을 통한 친절한 설명과 코치 마크, 튜토리얼 등이 추가되면 사용성을 높일 수 있다. 즉, 다소 디자인 요소가 많아지더라도 사용자에게 친절하게 설명해주는 인터페이스가 VR공간에서는 특히 필요하다.

(2) Affordance(행동유도성)

어포던스는 어떤 형태나 이미지가 행위를 유도하는 힘(행동유도성)이다. 사용한 자취가 곧 기표이다. 대부분 자연스럽게 생긴다. 적합한 이용에 대한 실마리를 제공해야 한다. 이때 필요한 특별한 능력이 바로 공감 능력이다(도널드 노먼, 1998). VR 공간은 360도이기 때문에 사용자는 PC 모니터나 모바일에 비해 더 많은 정보를 한꺼번에 보게 된다. 따라서, VR 공간에서 사용자가 어떤 정보를 취해야 하는지를 자연스럽게 인지하게 도와주는 어포던스의 개념은 UI디자이너가 매우 중요하게 적용해야 한다.

3 웹 UI의 특징

PC기반에서 시작된 웹 UIUX는 기존의 선형적인 정보 구조(liear information structure)의 아날로그 매체에서는 페이지를 넘기며 순차적으로 보던 정보 구조를 벗어나서 사용자가 선택하는 단어나 그림 등을 통해 비선형 정보 구조(non-linear information structure)를 갖게 되었다. PC나 노트북의 가장 대중적인 크기인 27인치를 비롯한 다양한 크기의 사각형 모니터 안에서도 모두 가로 스크롤 없이 볼 수 있는 가로 해상도 최대 확장시 1920 pixel (이하 px), 고정폭으로는 최대 1280px 정도의 크기에서 적게는 몇십 페이지에서 많게는 몇만 페이지 이상의 정보를 전달하기 위해 메인 화면 상단에 대분류 네비게이션 바(Global Navigation Bar, 이하 GNB)를 두게 되었다. 이 GNB는 하단으로 페이지를 스크롤하거나 메뉴를 클릭하여 다른 페이지로 이동하여도 고정된 상단 위치에 항상 있어서 다른 페이지로 이동하는 것을 돕는 '네비게이터' 역할로 웹UIUX에서 고정된 스타일로 자리매김하였다.

그림 11. 붉은 색으로 표시한 곳이 PC에서 주로 네비게이션이 위치하는 상단(GNB)영역이다[9]

4 모바일 UI의 특징

(1) 4인치 모바일 액정에서 시작된 모바일 UI의 특징

2007년에 미국에서 아이폰이 출시되어 27인치 모니터 안에 담던 정보들을 4인치 모바일 액정 안에 담아야 하는 것이 UIUX디자이너들의 미션이 되었다. 시각적, 기술적으로 다양한 시도들을 거쳐 아래의 UI 방식들이 표준으로 자리잡혔다.

① 메뉴버튼(menu)

웹UIUX에서 사용하던 GNB를 대체하기 위해 가로선 세개 모양의 메뉴버튼(햄버거버튼)이 고안되었고 이 버튼을 누르면 서랍이 열리듯이 드로워(drawer) 화면이 나오면서 4인치 좁은 액정 사이즈에 숨겨져 있던 네비게이션(GNB)가 나와서 메뉴들을 선택할 수 있다.

② 엄지존(thumbzone)

모바일 스마트폰을 사용하면서 사용자들은 주로 엄지로 스마트폰의 액정 화면을 터치한다. 이 때, 스마트폰의 액정 화면에서 인체공학적으로 엄지가 접근하기 쉬운 영역을 엄지존이라고 부르며 개발자들은 엄지로 터치 가능한 영역에 중요한 콘텐츠를 배치하게 되었다.

③ 상단과 하단에 네비게이션 영역

PC기반 웹 UIUX에서는 상단에 GNB를 두고 네비게이션을 상단에 고정한 채로 스크롤하는 방식이었지만, 모바일 UIUX에서는 엄지가 닿기 쉬운 하단에는 뒤로 가기 버튼처럼 자주 누르는 네비게이션 영역을 두고 상단에도 네비게이션 영역을 두어 상하단에 모두 네비게이션 영역을 둔다. 즉, PC기반의 웹UI에서는 상단에 GNB를 두는 것이 그 아래쪽 영역을 콘텐츠 영역으로 활용하기에 편리했지만, 한 손이나 두 손으로 스마트폰을 이용할 때는 엄지가 쉽게 닿을 수 있는 하단에 자주 이용하는 주요 버튼들을 두는 것으로 UI 배치가 바뀌었다. 아이폰에서는 화면 아래쪽 가장자리를 밑으로 쓸어 내리면 엄지존 영역으로 화면을 아래로 내려서 상단 부분을 터치할 수 있는 Reachability 제스처도 있다. 주로 한 손으로 아이폰을 작동할 때 유용한 제스처이다.

그림 12. 핑크색으로 표현된 부분은 모바일에서 네비게이션이 위치하는 하단과 상단이다[10)]

④ 무한스크롤

가운데 콘텐츠 영역은 주로, 상하단 네비게이션이 고정된 상태에서 작은 화면에 많은 정보를 담기위해 필요한 만큼 무한대로 스크롤 하는 방식으로 변화하였다. 이 방식은 PC기반 웹에서도 함께 적용되었다.

⑤ 사용법을 알려 주는 튜토리얼의 등장

PC기반의 웹사이트는 큰 화면에서 한눈에 정보를 훑어 보며 찾을 수 있기 때문에 사용성이 복잡하지 않다. 그러나 모바일의 작은 화면에서는 정보가 숨어있거나 익숙한 PC 기반의 웹사이트와는 UIUX가 다른 경우들이 발생하므로 모바일 앱을 다운로드하면 앱사용법을 알려주는 튜토리얼 종류들이 다양하게 발전하였다. 버튼 하나 하나에 대한 설명을 메모처럼 달아주는 코치마크, 여러 페이지에 걸쳐 사용법을 알려주는 워크스루 등 다양한 튜토리얼 방식이 등장하였다. 이는 뒤에서 HMD기반의 UIUX가 익숙하지 않은 사용자들에게도 다양하게 변형하여 적용 가능하다.

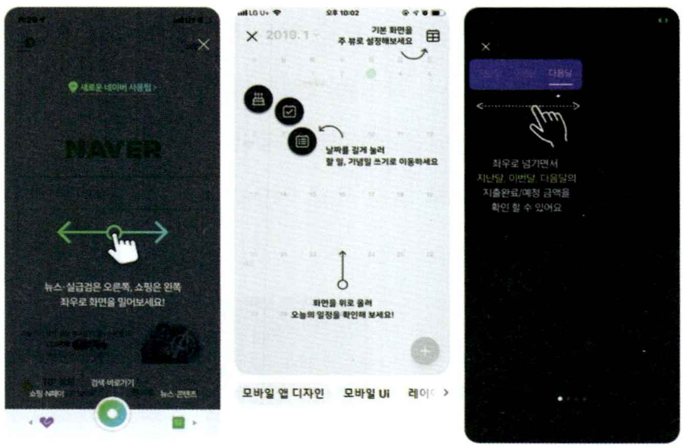

그림 13. 모바일 앱에서 Coach mark는 처음 사용하는 사용자에게 편안하게 도움을 준다(네이버 앱 튜토리얼 사례 화면)[11]

(2) 안드로이드 모바일 앱 개발 가이드를 제공하는 material.io 사이트

iOS와 안드로이드 모바일 OS가 자리를 잡으면서 애플과 구글은 모바일 앱 개발자들을 위한 UIUX디자인 가이드와 프로그래밍 오픈 소스들을 제공하기 시작하였다. 이를 통해 모바일 앱들은 일관성 있는 UIUX로 표준화된 사용성을 갖출 수 있게 되었다.

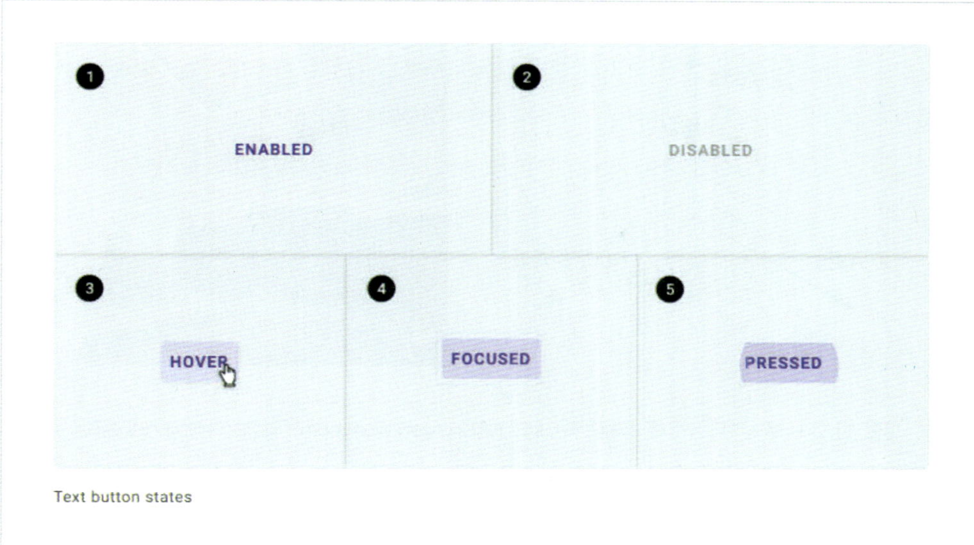

그림 14. 모바일에서 버튼의 상태 단계[12)]

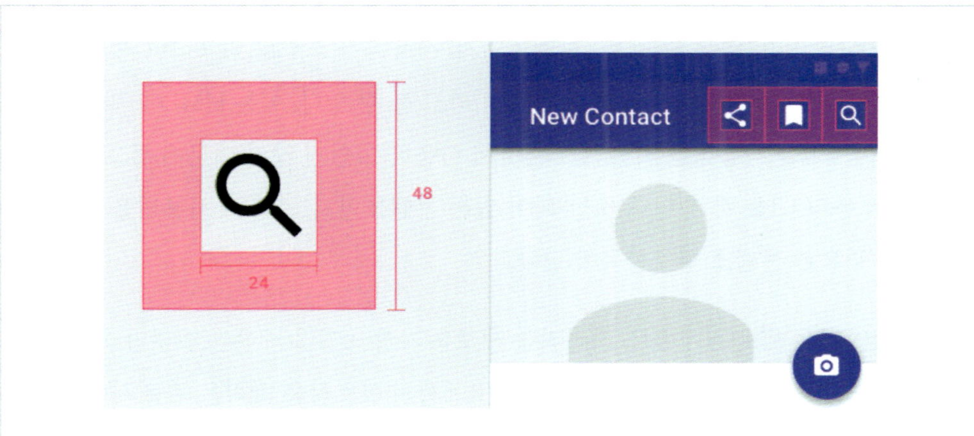

그림 15. material.io의 모바일에서 손가락 터치 영역에 대한 가이드[13)]

5 메타버스 UI디자인의 특징

(1) HMD 기반의 가상 세계(VR, Virtual Reality)에서 3D 공간의 개념

HMD기반 UI UX 디자인을 할 때, 기존의 웹UIUX나 모바일 UIUX와 가장 큰 차이점으로 고려해야 하는 것은 VR 공간은 X축, Y축, Z축을 가진 3D 공간이라는 점이다. 이는 2D 공간에서는 없던 깊이감이 있기 때문에 UIUX에 거리와 각도의 개념이 추가된다. 즉, 객체의 위치와 방향, 크기를 결정할 때, 거리와 각도를 고려해야 한다.

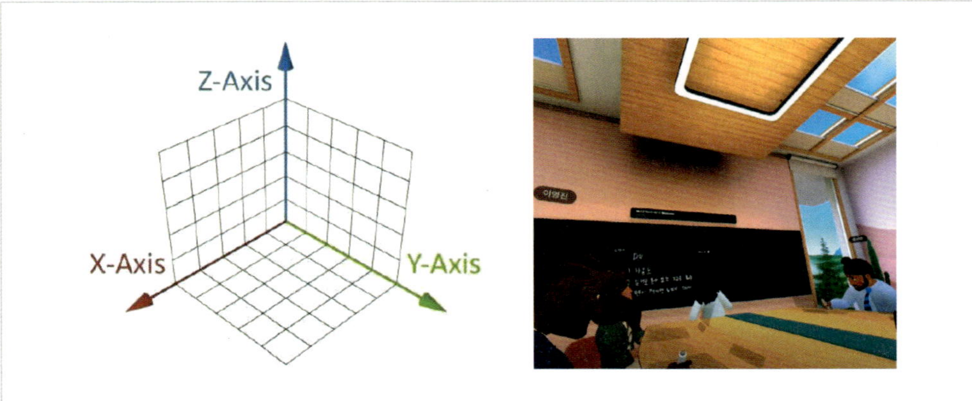

그림 16. 3ds Max[14]의 XYZ축 그림(왼쪽), META의 Horizon Workroom[15]의 3D 가상 세계(오른쪽)

(2) 메타버스 UI에서의 단순함과 복잡함의 중요성

Zachary Deocadiz(2019)이 개발한 VR 소셜 애플리케이션을 평가하고 설계하기 위한 프레임워크의 항목 중에는 'Guided, Self-taught'요소가 있는데 이는 사용자에게 사용법에 대한 안내가 잘 되어 있는 (친절한) 콘텐츠인지, 사용자가 스스로 터득하며 체험해야 하는 (불친절한) 콘텐츠인지를 평가하는 항목이라고 볼 수 있다. 이는 HMD 기반의 VR 콘텐츠가 처음 VR을 사용하는 사용자가 혼자서 사용하기 쉽지 않기 때문에 튜토리얼이나 Text Label 등의 UI를 통해 안내가 잘 되어 있는 콘텐츠인지, 스스로 사용법을 알아내야 하는지가 중요한 콘텐츠 평가항목이 된다.

가상 현실(VR)은 새로운 기술로, 사용자는 새로운 가상 공간을 배우는 것뿐만 아니라 VR 하드웨어를 사용하는 방법도 익혀야 한다. VR에서의 상호작용 방식은 주로 사용자가 손에 쥔 컨트롤러를 통해 이루어지는데, 이러한 컨트롤러의 설계는 비디오 게임 컨트롤러에서 영감을 받았으며, 버튼과 트리거를 통해 원하는 행동에 매핑되어 있다. 비디오 게임 경험이 없는 사용자들에게는 이러한 행동을 어떻게 작동시키는지 이해하는 것이 어렵게 느껴지기 마련이다. 비디오 게임 컨트롤러에 익숙한 사용자를 조차도, 컨트롤러에 있는 여러 버튼이 어떤 상호작용과 연결되어 있는지를 기억하며 체험을 해야하기 때문에 VR UI 경험에 대해 어렵게 느끼게 된다.

게다가 아직 웹UI나 모바일 UI처럼 보편적인 UI 방식이 자리 잡지 않아서. 새로운 VR 애플리케이션을 시작할 때마다 새로운 UI를 배워야 하는 것도 사용자에게 VR UI를 어렵게 느끼게 하는 요소가 된다.

따라서, VR UIUX를 설계하고 디자인할 때, 사용자에게 사용법을 어떻게 안내할 것인지, 그리고 가상 공간에서 적절한 인터랙션을 위한 행동에 대해 사용자에게 어떻게 알려줄 것인지에 대한 고민이 VR UI 디자이너에게는 항상 필요하다.

그림 17. Zachary Deocadiz이 개발한 VR 소셜 애플리케이션을 평가하고 설계하기 위한 프레임워크 항목들[16)]

(3) 복잡한 VR 컨트롤러(Oculus Quest2)의 버튼들에 대한 가이드의 필요성

마치 TV마다 리모콘이 조금씩 다른 것처럼, HMD기기마다 다른 형태의 컨트롤러들이 제공된다. 예를 가장 대중화된 HMD인 Oculus Quest2로 예를 들면, HMD기기와 함께 인터랙션을 위한 오른쪽과 왼쪽 각 한 개씩 총 두 개의 컨트롤러가 제공 된다. 오른쪽 컨트롤러에는 오큘러스 마크가 새겨진 메뉴 버튼이 있고 메타버스 공간에서 이동을 위한 조이 스틱이 있고, A, B 버튼이 있다. 그 외에 선택을 할 때 주로 사용하는 트리거 버튼과 그랩 버튼이 있어서 한 쪽 컨트롤러에 총 6개의 버튼이 있다. 왼쪽 컨트롤러에도 메뉴 버튼, 조이 스틱, X, Y 버튼 크리거, 그랩 버튼 등 총 6개가 있다. 왼쪽과 오른쪽을 합하면 12개의 버튼이 있다.

게다가 이 12개의 버튼은 HMD를 착용한 상태에서 조작하기 때문에 컨트롤러를 눈으로 직접 볼 수 없다. 따라서, 컨트롤러를 이용하는 초보자 입장에서는 해당 메타버스 플랫폼의 조작을 외우고 있지 않는 이상은 메타버스 플랫폼 내에서 컨트롤러 조작법에 대한 튜토리얼, 코치마크 등이 세심하게 필요하다. 즉, 다소 복잡해 보일 수 있는 튜토리얼이나 코치마크도 사용자에게는 매우 친철한 UIUX로 경험된다. 2025년 4월까지 부산현대미술관에서 전시된 '해심서(Melting Worlds)' VR게임은 체험 방법 안내문을 전시장에 비치하였다. 관람객이 혼자서도 HMD를 착용하고 체험할 수 있도록 상세하게 안내하고 있다.

VR게임 체험 방법

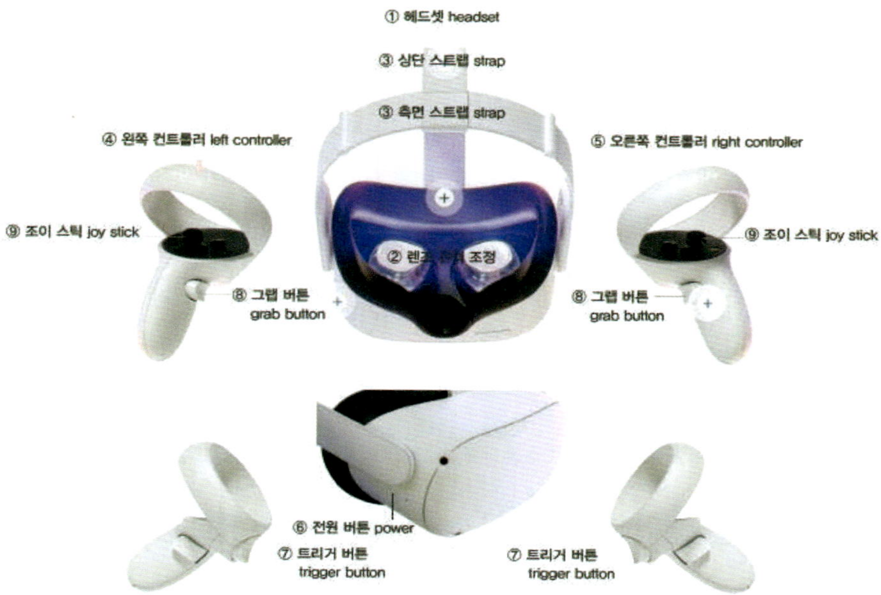

헤드셋과 컨트롤러 착용 및 사용법

1. 헤드셋①을 머리에 맞게 착용한다.
   시야의 초점이 흐리면 렌즈② 간격을 조정해서 초점을 맞춘다.
   상단과 옆면의 스트랩③을 이용해 머리 크기에 맞게 조정한다.
2. 컨트롤러 사용 안내
   왼손④, 오른손⑤ 각 손에 맞는 컨트롤러를 착용한다. 손목 스트랩을 착용해 컨트롤러가 떨어지지 않도록 고정한다.
3. 전원이 꺼져 있다면, 헤드셋 우측 측면의 전원 버튼⑥을 눌러서 켠다

게임 시작 및 플레이

4. 헤드셋이 켜지면 META 로고가 사라질 때까지 기다린다.
5. 경계 확인 창이 뜨면 안내를 따라 진행한다.
6. 화면의 정면과 하단에 네비게이션이 뜨면 하단 네비게이션바 우측에서 세번째에 해심서(HAE SIM SEO) 아이콘 을 클릭한다.
7. 해심서 VR게임 내에서 위치 이동을 할 때는 조이스틱⑨을 엄지 손가락을 이용해서 상하좌우로 움직인다.
8. 양손으로 그랩 Grab 버튼⑧을 눌러서 등장한 캐릭터들을 잡을 수 있다.
9. 편지지를 그랩 Grab 버튼⑧을 눌러서 집어서 수조로 이동해서 녹일 수 있다.
10. 일정 시간 플레이하면 게임이 끝난다.
11. 게임 중간이나 게임이 끝나면 Reset 버튼을 눌러서 처음부터 다시 시작할 수 있다.

그림 18. VR게임 체험을 위한 HMD 사용법 안내문 사례[17)]

그러나 가상공간 안에서는 긴 문장으로 상세하게 안내하는 것 보다는 체험자가 바로 작동할 수 있도록 간단하게 안내하는 것이 사용자 경험이 좋으므로 아래의 그림과 같이 간단하게 요약하여 안내할 수 있다.

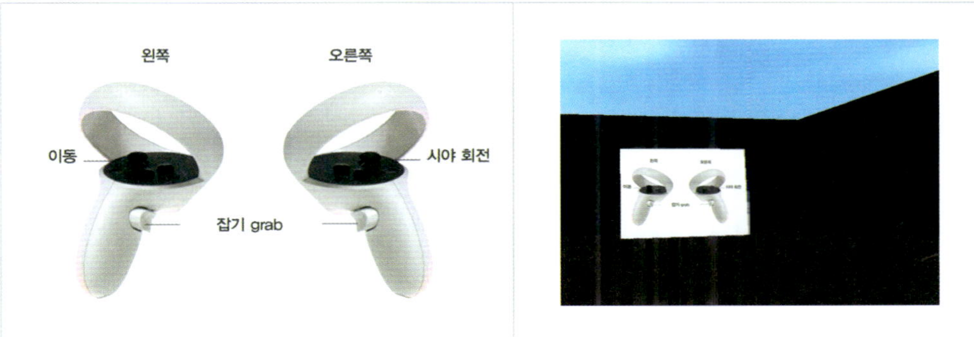

그림 19. VR 게임 안에서 사용자의 체험을 돕기 위한 간단한 튜토리얼 사례[18)]

(4) HMD 기반 VR 3D 공간에서의 UI UX 사례

HMD를 기반으로 한 VR 3D 공간에서의 UIUX를 사례를 통해 살펴보자.

① Google Daydream Elements 사례

구글은 Daydream 팀을 만들어 VR UIUX를 체계적으로 연구하고 Daydream Elements를 2017년에 발표하였다. 걸어다니고 환경과 상호 작용하는 것과 같이 VR에서 수행하는 가장 기본적인 작업에 대한 모범 사례 및 재사용 가능한 코드들이다. 노련한 앱 개발자이든, 몰입형 디자인 애호가이든, 아니면 VR에 대해 호기심이 많은 사람이든 관계없이 이 인터랙션 세트를 살펴볼 수 있게 온라인에 공개하였다.

Daydream팀에서 발표한 VR UIUX 기준들은 많은 VR UIUX에서 통용되고 있는 가이드라인을 제공하고 있다. 이 가이드라인 중에 오늘날에도 적용이 되고 있는 방식들 중심으로 정리하였다.

(a) Teleport

순간이동은 VR에서 널리 사용된다. 대규모 가상 환경을 쉽게 탐색할 수 있기 때문이다. Elements에서 Daydream 컨트롤러의 터치 감지 기능을 사용하여 순간 이동을 보다 쉽게 검색할 수 있다. 터치패드를 터치하면 순간이동 대상에 '호'가 그려지므로 클릭하여 해당 대상 지점으로 순간 이동할 수 있다. 조이스틱으로 걸어다니는 것 보다 훨씬 멀미를 줄여주는 효과도 있다.

그림 20. 터치패드를 간단히 터치하면 대상 지점으로 순간이동 호를 그린다(예: Daydream Elements).[19]

(b) Tunneling

모션으로 인해 일부 사람들은 VR에서 멀미 등의 불편함을 느끼지만 TV에서 비디오 게임을 할 때는 그렇게 느끼지 않는다. 그 이유는 의자, 램프, 테이블 등의 사물을 포함하고 있는 거실이 안정감을 유지하는 데 도움이 되기 때문이다. VR용 터널링 요소는 다른 가상 공간으로 이동할 때 사용할 수 있는데, 거실에 있는 사물들처럼 가상 공간에도 사물들을 배치하면 안정적인 그리드 역할을 해주어 가상 공간에 대한 불편함을 줄이는 데 효과적이다. 공간을 이동할 때 터널링을 도입하면 모든 앱에서 주요 움직임에 매우 민감한 사용자의 이동으로 인한 멀미를 줄이고 편안함을 개선하는 데 도움이 된다.

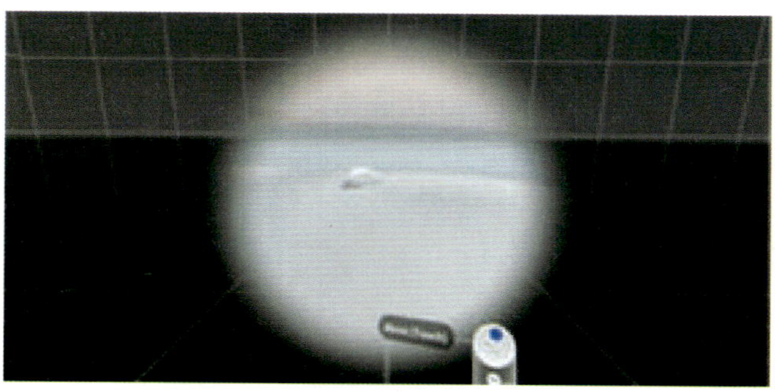

그림 21. 터널링은 걸을 때 시야가 좁아지고 배경이 격자로 바뀐다. 격자 대신에 가구, 사물 등을 배치해서 가상공간에서의 안정감을 확보할 수 있다(예: Daydream Elements).[20]

(c) Swipe Menu

컨트롤러에 있는 메뉴를 이용하여 3D 공간의 오브젝트에 액션을 가할 수 있다.

그림 22. controller와 Swipe Menu(예: Daydream Elements)[21)]

(d) Menu Systems

컨트롤러에 따라 버튼 구조가 다르기는 하지만 일반적으로 컨트롤러에 있는 메뉴 버튼을 클릭하여 3D 공간 안에 메뉴가 뜨게 하여 네비게이션하는 방식을 사용할 수 있다.

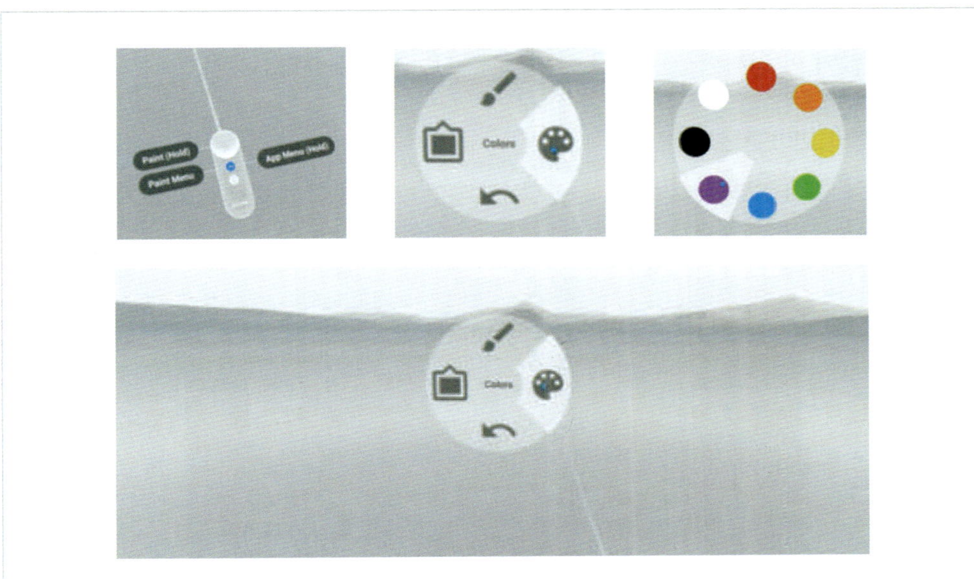

그림 23. 컨트롤러에서 메뉴 버튼을 클릭하면 처음에는 사용자에게 숨겨져 있지만 쉽게 액세스할 수 있는 방사형 옵션 메뉴가 나타난다. 가상 세계에서의 일반적인 메뉴 방식이다(예: Daydream Elements).[22)]

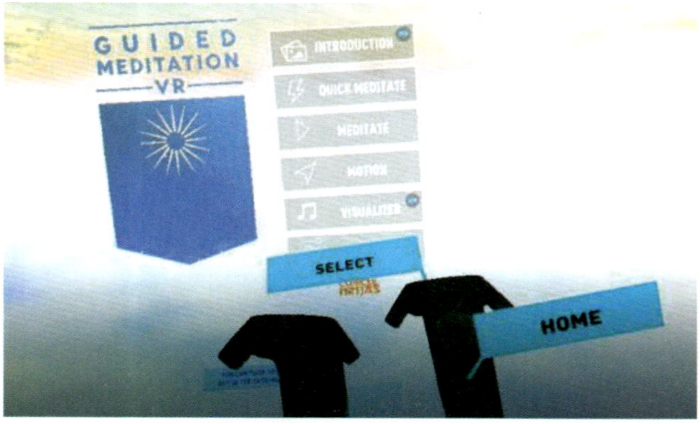

그림 24. 컨트롤러가 가상 공간에서도 같이 보여지면 사용자가 직관적으로 컨트롤러를 사용할하는데 도움이 된다 (예: Guided Meditation VR의 UI).

② Google Day dream Elements Style Guide 사례

Daydream Elements Style Guide는 2017년 Google에서 발표 후 온라인에 공개하였다. 가상 세계에서 걸어 다니고 환경과 상호 작용하는 것과 같이 가상 세계에서 수행하는 가장 기본적인 작업에 대한 가이드이다. 따라서 VR에 관심이 있는 사람이라면, 개발자이든, 실감형 콘텐츠 디자이너이든, 아니면 가상 세계에 대해 관심이 있는 일반인이든 관계없이 이 인터랙션 세트를 살펴보는 것은 의미가 있다.

(a) 12칼럼의 그리드시스템

가상 세계 VR UIUX도 북디자인, 웹 UI, 모바일 UI와 마찬가지로 그리드 시스템을 기본으로 이용한다.

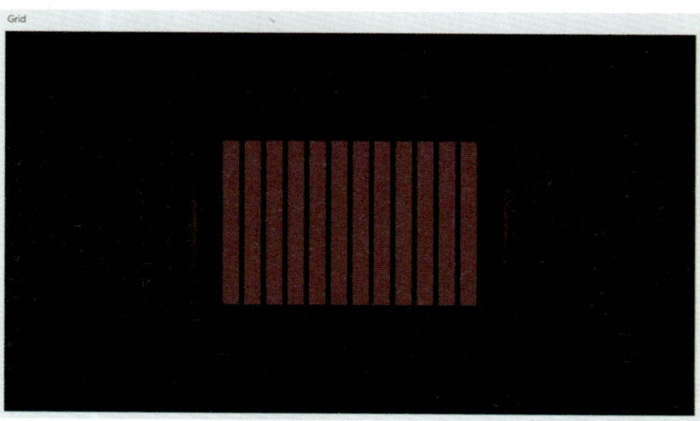

그림 25. VR UI에 적용 가능한 그리드시스템(예: Google Daydream Elements Style Guide)[23]

(b) 각도의 개념

가상 세계는 3차원 공간이기 때문에 오브젝트의 배치와 레이아웃에 '각도'의 개념이 추가된다.

그림 26. 3D 공간은 공간의 가로 폭, 세로 높이 뿐만 아니라 깊이가 있으므로 오브젝트들이 각도에 따라라 움직일 수 있고, 사용자의 움직임에 따라 공간 및 오브젝트들을 다른 각도에서 볼 수 있다(예: Google Daydream Elements Style Guide).[24)]

(c) 거리의 개념

가상 세계는 3차원 공간이기 때문에 오브젝트 간의 '거리'의 개념이 추가된다. 구글의 daydream team은 VR 공간에서 거리의 개념을 적용한 딤(dmm, distant-independent millimeter) 단위를 제시하였다. 1dmm은 1m 떨어진 곳에 있는 1mm의 크기, 2m 떨어진 곳의 2mm를 가리키는 단위다. 1dmm당 1px을 대입하면 적절한 화질을 얻을 수 있다. 화면 공간 레이아웃의 dmm 크기를 유지하려면, 의도된 시청 거리를 기준으로 UI 컨테이너를 월드 공간에서 스케일링해야 한다. 예를 들어, UI가 2.5미터 거리에서 보이도록 설계된 경우, 해당 거리에서 읽을 수 있도록 3D 환경 내에서 UI를 2.5배 크기로 스케일링해야 한다.

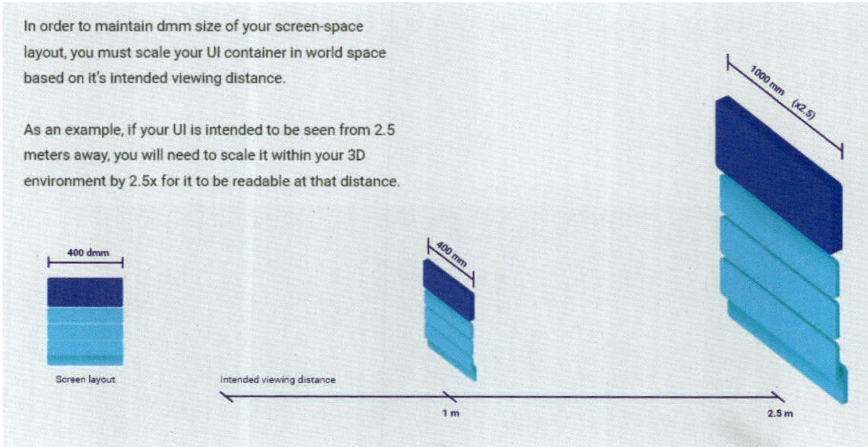

그림 27. Google Daydream Elements Style Guide의 딤(dmm, distant-independent millimeter) 단위 그림 (예: Google Daydream Elements Style Guide)[25]

(d) UI 배치

가상 세계는 2차원의 평면 사각형 모니터 기반의 UI가 아니고, 360도 공간에 UI를 띄워야하기 때문에 화면의 중앙에 UI가 생겼다가 필요없을 때는 사라지는 방식의 UI 설계가 필요하다. 사람의 목이 6도 정도 앞으로 숙이고 있기 때문에 UI의 위치도 사용자의 정면 보다는 사용자의 정면을 기준으로 6도 정도 아래에 위치하게 하는 것이 사용자가 바라보기에 편안하다. 그리고 하단에 메인 네비게이션 영역을 주로 두는 것이 가상 공간을 가리지 않기 때문에 주로 27도 정도 아래에 위치하는 것을 제안한다. 즉, 가상 세계에서 UI는 웹이나 모바일 UIUX처럼 고정 위치에 항상 있는 것이 아니라 배경 콘텐츠를 가리지 않도록 필요할 때 등장했다가 사라지는 방식으로 UI를 설계하고 시선의 하단에는 GNB(Global Navigation Bar)에 해당하는 주요 메뉴 네비게이션을 두고 정면 위치에는 메인 콘텐츠를 선택하도록 UI를 배치하는 것이 제안하고 있으며, 실제로 메타 호라이즌 워크룸(Meta Horizon Workroom) 등 많은 메타버스 플랫폼들이 이러한 메뉴 UI 구조를 사용하고 있다.

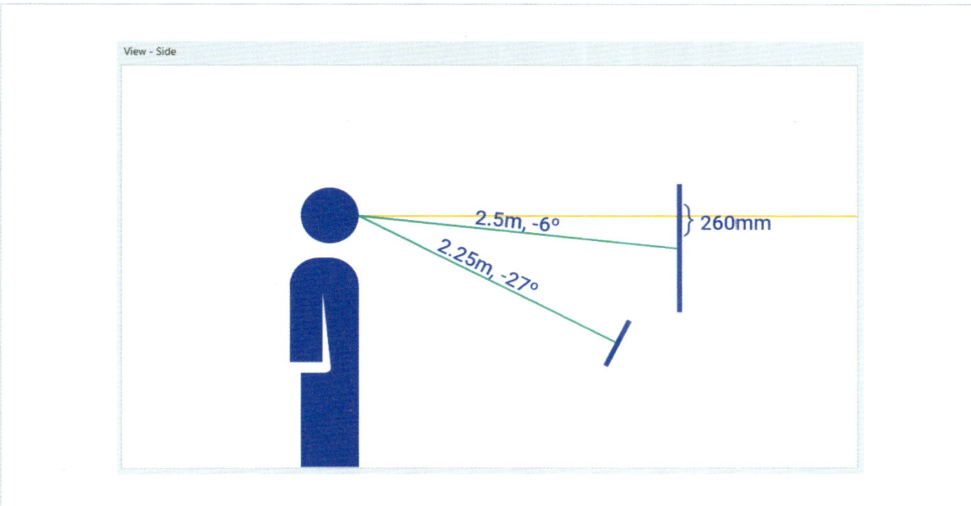

그림 28. VR 공간에서 적절한 각도와 거리를 고려한 UI 배치(예: Google Daydream Elements Style Guide)[26)]

(e) UI칼럼(column)

탑 뷰(top view)에서 보면 시선 정면에 콘텐츠 UI 영역은 3 column 구성으로 설계하여 콘텐츠 영역을 확장할 수 있다. 하단의 네비게이션 영역은 1 column으로 콘텐츠 UI 영역보다 거리를 좀 더 사용자에 가깝게 위치하면서 하단에 위치하게 할 수 있다.

UI가 3 column으로 구성될 때는 360도 공간 안에서 사용자가 시선을 돌려가며 봐야하는 넓은 시야각에 표현되므로 가운데 column을 중심으로 왼쪽 컬럼은 -19.25도 오른쪽 컬럼은 19.25도 꺽어서 사용자가 최대한 시선을 모아주는 것이 바람직하다.

3 column을 각도를 꺽지 않고 원형으로 표현하는 것도 가능하다. 이때 원형의 중심은 사용자의 눈의 위치로부터 지름을 만들면 UI가 너무 휘어 보이기 때문에 사용자의 눈의 위치보다 더 뒤 쪽을 원의 중심으로 잡고 UI를 원형으로 만드는 것이 사용자가 보기에 자연스럽고 편안하다.

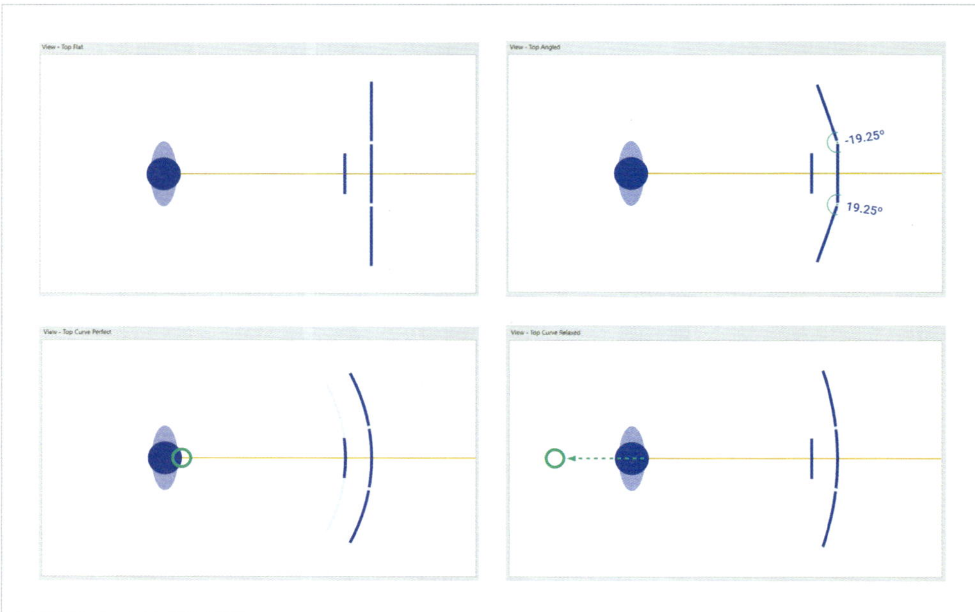

그림 29. VR 공간에서 UI 박스의 컬럼 구조[27)]

(f) 문자와 색상(Typography & Color)

Google Daydream에서는 Roboto 서체를 사용하였다. 이는 구글 안드로이드의 Material Design에서 모바일 UIUX용으로 사용한 것과 동일하다. 한글의 경우는 Noto Sans 서체도 가상 세계 콘텐츠에서 많이 활용되고 있다.

(g) 버튼의 상태(Button Status)

버튼의 상태를 단계별로 차이를 두어 사용자가 콘트롤러나 핸드 트래킹, 아이 트래킹 등을 통해 인터랙션이 적용되었는지를 명확히 알려주는 것이 필요하다. 가상 세계에서의 인터랙션 방식이 사용자는 익숙하지 않기 때문에 자신이 입력한 인터랙션이 적용이 되었는지에 대한 피드백을 주는 것은 사용자들이 이미 익숙한 인터랙션 방식으로 컨트롤 할 수 있는 웹UIUX나 모바일 UIUX에서보다 더욱 중요하다. 즉, 가상 세계 UIUX에서 버튼의 상태를 사용자에게 알려주는 표시는 필수적이다.

- Normal/Enable 상태: 누를 수 있게 활성화 되어 있는 버튼의 상태. 일반적인 버튼의 상태이다.
- Hover 상태: 컨트롤러나 핸드 트래킹, 아이 트래킹 등을 통해 조준한 상태를 의미하며, 약하게 그림자를 주거나 버튼의 컬러를 바꾸어 호버 상태를 사용자에게 확인시

켜준다.

- Focused/Selected 상태: 컨트롤러를 클릭하여 선택을 완료한 상태이다. 특히 selected 상태는 액센트 컬러 등을 사용하여 현재 위치를 확인해 주는 역할도 한다.
- Disabled 상태: 해당 화면에서는 선택할 수 없는 버튼의 상태이다.

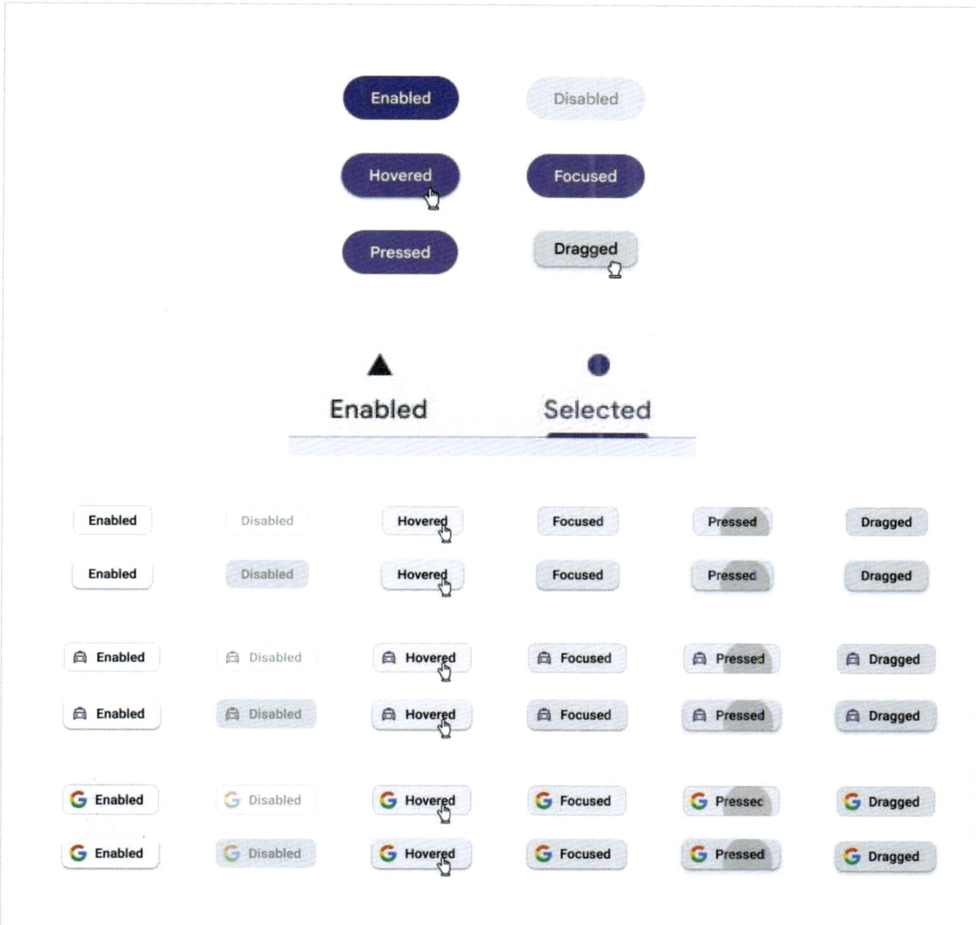

그림 30. material.io에 제시된 버튼의 상태 사례[28)]

(h) 주조색과 보조색(Primary&SecondaryColors)

UIUX에서 Primary color는 일반적으로 흔히 main Color라고도 하며 해당 콘텐츠의 정체성을 표현하는 색상이나 주로 로고 등에 사용된 브랜드 컬러를 활용한다. Secondary color는 accent 또는 point color 역할을 하면서 버튼 등에 주로 활용된다. Primary color와 구별되도록 보색 등을 사용하거나 회색 등의 무채색을 사용하기도 한다. Google

Daydream팀에서는 가상 세계 콘텐츠 제작에 흰색과 검정색을 Primary와 Secondary Colors로 사용하였다.

(i) 명암에 대한 주의(Light&DarkColor)

HMD를 착용하면 바로 눈 앞에서 렌즈를 통해 콘텐츠가 디스플레이 되기 때문에 너무 밝은 컬러 (빛)은 눈에 무리를 줄 수 있다. 따라서 흰색(#000000)은 사용하지 않는 것을 권장한다. 다음은 밝은 배경에서 사용할 수 있는 어두운 콘텐츠의 회색 단계이다.

- 밝은 배경에 어두운 콘텐츠를 사용할 때 (Dark on Light)
  밝은 배경의 명도: #EEEEEE 보다 밝지 않을 것을 권장한다. 이 배경 위에 대비가 되는 콘텐츠들은 가장 어두운 콘텐츠는 #212121의 87% 명도에 해당하는 정도를 권장하며 중간 명도는 #212121의 65%에 해당하는 정도를 권장한다. 가장 밝은 콘텐츠의 명도는 #212121의 45% 정도에 해당하는 명도를 권장한다.
- 어두운 배경에 밝은 콘텐츠를 사용할 때(Light on Dark)
  어두운 배경의 명도: #212121 보다 어둡지 않을 것을 권장한다.
  이 배경 위에서 콘텐츠가 잘 보이게 하려면 어두운 콘텐츠는 #EEEEEE의 45%정도의 명도를 권장한다. 중간 명도는 #EEEEEE의 65%정도의 명도를 권장한다. 밝은 명도는 #EEEEEE의 100%정도의 명도를 권장한다.

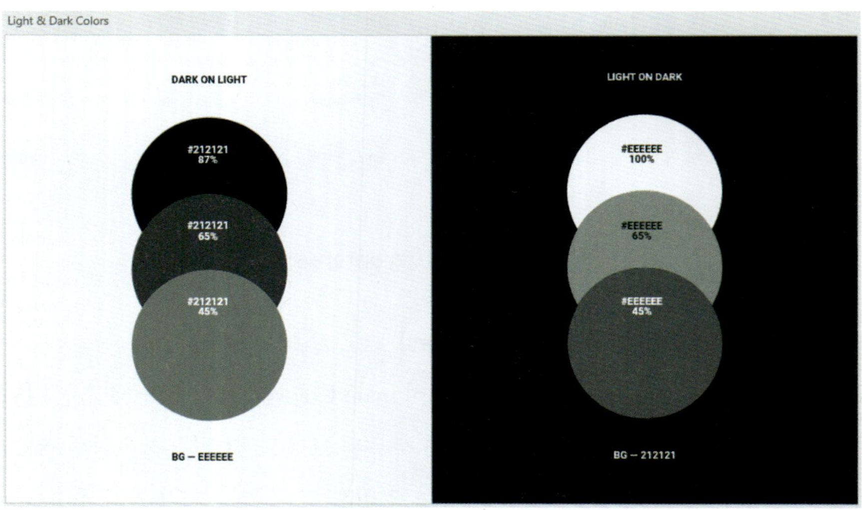

그림 31. Google Daydream팀에서 가상 세계 콘텐츠 제작에 권장한 명암 정도

(j) UI 구성요소(Components)

UI를 구성하는 요소들에는 버튼(buttons), 컨트롤스(controls), 토스트(toasts), 리스트(lists) 등이 있고 카드 형태로 리스트를 나열하는 카드 리스트(card list) 방식이 있다.

- 카드 리스트(card list)

  카드 리스트 방식은 PC모니터 크기와 태블렛의 액정 크기, 모바일 액정 크기에 반응하며 콘텐츠 레이아웃이 자동으로 변경되는 반응형 레이아웃 디자인에서 한 개 컬럼, 두 개 컬럼, 세 개 컬럼 등 다양하게 배치할 수 있게 하면서 비롯되었으며, VR UI에서도 활용되고 있다. 다음 그림에서 Google Daydream Style Guide에서 제안하는 VR UI에서의 카드 스타일을 확인할 수 있다. 다양한 가로 세로 비율을 활용할 수 있지만 카드에 해당하는 메뉴명(card label)은 주로 하단에 비치하는 것을 제안한다. 카드의 설명이 긴 경우는 PC기반 웹사이트나 모바일앱에서처럼 설명 영역을 구분하여 선택하면 더 긴 전체 설명을 볼 수 있는 방식을 제안하고 있다. PC기반 웹사이트나 모바일앱에서 이미 익숙해진 UI 방식을 VR에서도 제안하고 있다.

상단에 이미지 영상과 하단에 Text로 구성한 카드리스트 사례

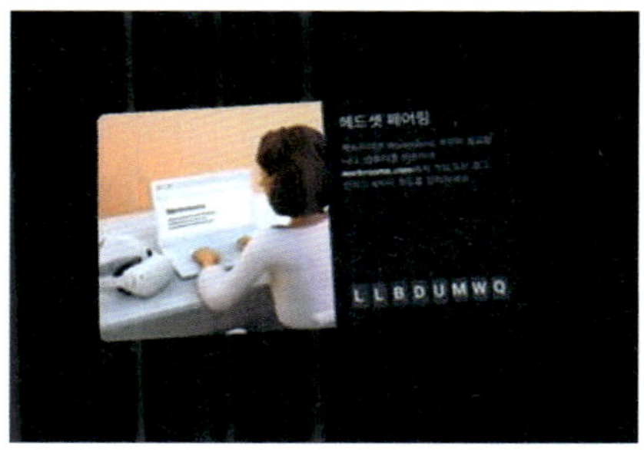

좌측에 이미지 영상과 우측측에 Text로 구성한 카드리스트 사례

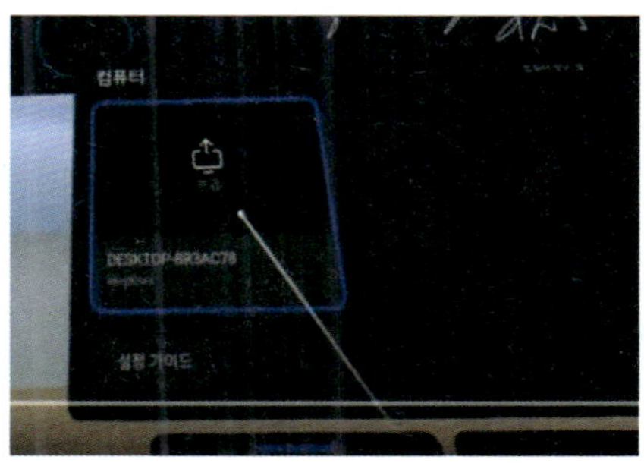

UI안에 썸네일들을 카드 리스트 방식으로 나열한 사례

그림 32. 메타 오큘러스 스팀의 UI 화면에 사용된 카드리스트 UI 방식

- 버튼(buttons)

  버튼은 중요도와 종류에 따라 버튼의 크기와 종류를 선택할 수 있는 스타일가이드를 제안하고 있다.

- 콘트롤(controls)

  플레이 버튼(play button), 이전 버튼, 다음 버튼, 안내(information), 중요 버튼 등의 콘트롤에 해당하는 버튼들에는 콘트롤러로 호버(hover) 시에 문자창(text label)으로 부연 설명이나 버튼명을 알려 줄 것을 권장한다.

- 토스트(toasts)

  짧은 경고문의 경우는 경고를 나타내는 느낌표와 함께 띄우거나, 다시 시도 할 수 있도록 재시도(retry)버튼과 함께 띄우는 것을 권장한다.

- 리스트(lists)

  리스트 방식도 모바일앱의 UI에서 비롯되었다. 주로 사용자들의 프로필 이미지와 사용자의 이름을 나열하는 방식에 활용된다. 사용자의 정보를 얼마나 상세히 보여주느냐에 따라 세 단계의 방식을 제안하고 있다.

(k) 레이아웃(layout)

12 칼럼 그리드 시스템 예시이다. 특별한 경우에는 한 두 개의 칼럼을 추가할 수는 있으나 VR에서 UI가 너무 넓어지면 사용자가 오히려 불편할 수 있다.

12 칼럼 중에 4개의 칼럼을 합하고 8개의 칼럼을 합하여 두 개의 칼럼으로 응용하거나, 여섯 칼럼과 여섯 칼럼씩 합하여 총 두 개의 칼럼으로 구성한 예시이다. 높이를 두 개로 나눈 그리드로 활용할 수 도 있다. 그리고 하단에 검색, 설정 페이지 구분 등의 버튼이 있는 네비게이션 바를 두는 것이 일반적이다.

그림 33. 열두 개의 컬럼을 응용한 UI 레이아웃들[29)]

하단에 내프로필, 공유버튼, 앱버튼 등이 있는 네비게이션이 있고 상단에는 3칼럼 구성과 4칼럼 구성을 용용한 사례

그리드 시스템이 적용된 VR UI 사례

그림 34. 메타 오큘러스 스팀의 UI 그리드 시스템(화면 캡처일 2022.08)

12 칼럼 중에 4개 칼럼씩 합해서 3개의 칼럼으로 카드리스트를 만들어 활용하는 방법도 제안한다. 이때 세로를 두 개로 나누어 여섯 개의 카드가 한 번에 보여지거나 세로를 3개로 나누어 9개의 카드를 한 번에 볼 수 있게 하는 방법으로 활용할 수 있다.

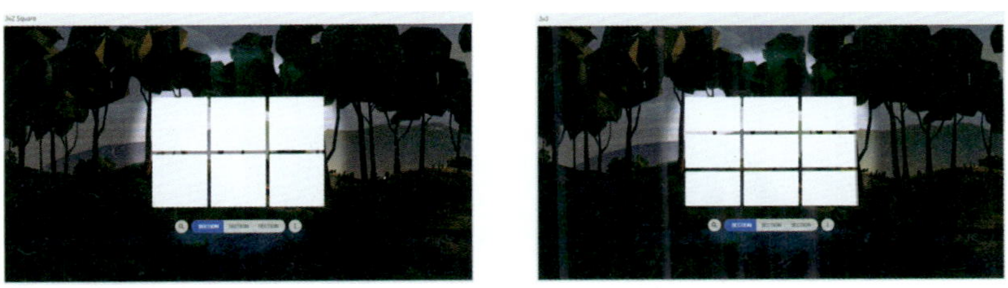

그림 35. Google Daydream Elements Style Guide의 그리드 시스템을 활용한 카드리스트 예시

그림 36. 메타 오큘러스 스팀의 하단에 네비게이션과 상단은 두 칼럼으로 구성된 UI 사례

여러 페이지인 경우는 다음 페이지로 넘길 수 있거나 이전페이지로 가도록 네비게이션을 둔다. 상세 설명 페이지를 겹쳐서 두거나, 카드리스트 형식과 콘텐츠 영역을 혼합하여 복합적인 구조의 UI 레이아웃을 활용하기도 한다.

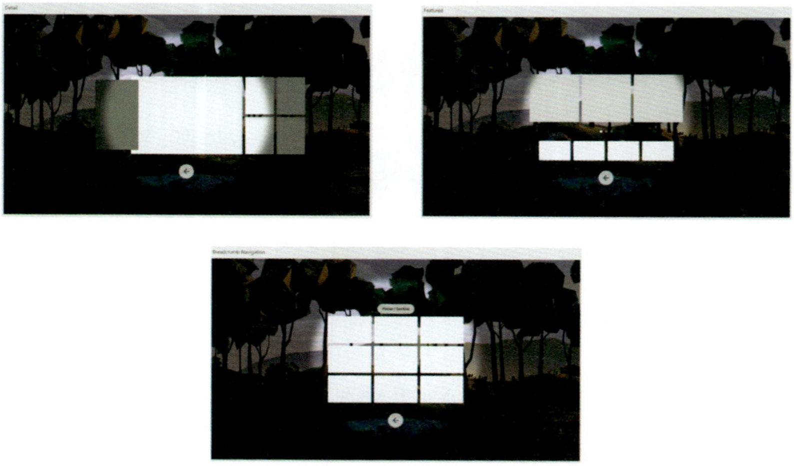

그림 37. Google Daydream Elements Style Guide의 페이징 UI 예시

그림 38. 오큘러스 스팀의 콘텐츠 영역과 오른쪽 카드리스트를 혼합하여 응용한 사례

프로필 리스트 페이지와 문자 콘텐츠 디스플레이 방식 예시, 가상 공간을 가리지 않도

록 UI 박스 배경을 반투명하게 처리한 예시 등의 HMD 기반의 가상 공간에서 UI를 디스플레이하는 다양한 상황의 예시들을 제시하고 있다. 검색창과 카드 리스트 페이지가 함께 있는 UI 구성과 동영상 플레이를 위한 UI, 앱 타이틀과 간단한 튜토리얼 화면 구성을 제안한다.

프로필 리스트 페이지와 이전 페이지 버튼	문자 콘텐츠 디스플레이 방식 예시	가상 공간을 가리지 않도록 UI 박스 배경을 반투명하게 처리한 예시
	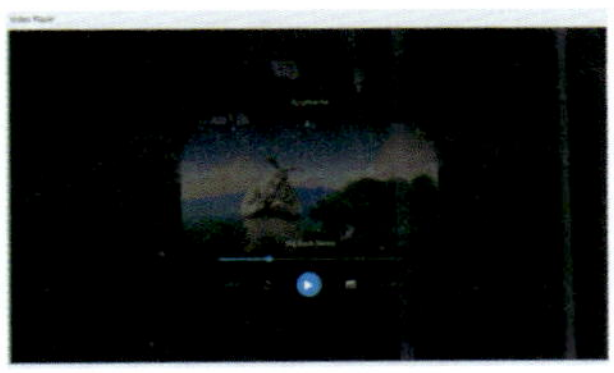	
검색창과 카드 리스트 페이지가 함께 있는 UI 구성	동영상 플레이를 위한 UI	앱 타이틀과 간단한 튜토리얼 화면 구성

	주변을 어둡게 처리하여 공간 이동시 멀미를 줄인다	

그림 39. HMD 기반의 VR UI의 다양한 사례들(예: Google Daydream Elements Style Guide와 메타 오큘러스 스팀)

(I) HMD 기반 UI를 위한 주요 구성요소들(Main Components)

- Eye Comfort Zone

이 영역은 기본 UI 요소가 있어야 하는 위치이다. 이 영역 밖에 있는 모든 것은 사용자가 이를 보지 못하거나 상호 작용하기가 불편할 위험이 있다. 주변 시력과 눈 근육을 고려할 때 눈이 편안함을 느끼는 한계 각도는 모든 방향에서 약 +/-30°이다. Daydream 및 Cardboard 뷰어의 FOV(Field of View)는 60°이다.

- Neck Comfort Limit

이 영역은 보조 UI 요소가 있어야 하는 위치이다. 사용자가 자주 또는 장기간 동안 여기를 봐야 하는 경우 이 영역 내의 모든 항목이 목 피로를 유발할 수 있다. 60° 범위 내에는 중요한 primary UI elements를 두고 이를 벗어난 120° 영역에는 secondary UI elements 를 두는 것을 권장한다.

- Horizon Line

사람의 머리는 평상시에 정면보다 6° 아래로 기울어져 있다는 인체공학적 측면을 고려하여 이 가이드는 UI 중심이 기본적으로 수평선 아래로 -6°로 설정되어 있음을 알려준다.

- Navigation: Tabs, pagination and scrolling

탭(tap) UI, 페이지 UI(pagination), 스크롤 방식 UI(scrolling) 등을 제안한다.

- UI Elements(Buttons and list items)

버튼의 중요도에 따라 무채색 또는 액센트 컬러를 버튼에 적용한다. 버튼의 스타일에 따라 사각 버튼, 라운드 버튼, 원형 등을 사용한다. 모바일 앱에 비해 좀 더 분명한 형태의 버튼을 사용한다. 리스트 아이템도 사각 형태와 라운드 형태의 리스트 아이템이 있다. 리스트에 대한 정보를 얼마나 많이 줄일 것인가에 따라 제목만 노출하는 경우, 제목과 썸네일 이미지를 노출하는 경우, 제목과 부제목과 썸네일 이미지를 노출하는 경우들로 다양한 경우를 고려하여 스타일가이드를 제작한다.

2-3 메타버스 UI 디자인 가이드라인

HMD 기반 3D 메타버스 플랫폼에서의 경험디자인을 위한 UIUX design guideline을 다음과 같이 제안합니다.

Guide 1. Point & Click 방식을 이용한다.

Point-and-click 방식은 모든 플랫폼에 통용되는 방식이다. 커서를 이용해서 사용자가 이미 익숙한 포인트 앤 클릭 방식을 활용하라.

Guide 2. 버튼의 크기와 간격이 충분해야 한다.

HMD 기반 3D Metaverse 공간에서는 레이저로 포인트하고 클릭해야 하므로 버튼의 크기와 간격이 충분해야 한다. 마치 모바일에서 손가락으로 터치하는 영역을 규정하는 것과 마찬가지이다.

그림 40. Meta Horizon Workroom에 버튼들의 크기와 간격이 포인트 앤 클릭하기에 충분하다.

Guide3. 버튼의 상태를 구분한다.

Enable, Hover, Selected의 단계를 주어 컨트롤러 또는 핸드 트래킹을 통한 인터랙션의 반응을 전달해야 한다.

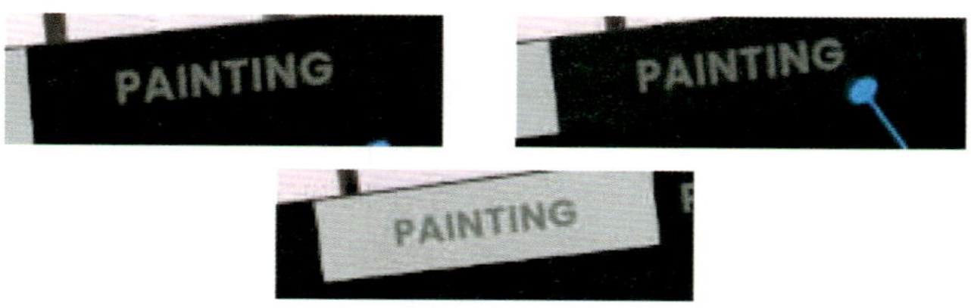

그림 41. Vermillion – VR 유화 시뮬레이터의 UI 단계

Guide4. 협업을 위한 인터페이스를 고려한다

구글 스프레드시트, 프레젠테이션 등에서 협업은 가능하지만 콘텐츠만 공유하고 상대방을 보면서 공간에서 하는 느낌은 없는 반면에, 메타버스는 협업을 할 때 현실처럼 3D 공간

에서 아바타끼리 상호작용하며 현존감 높게 협업을 할 수 있다. Meta Horizon Workroom에서 동료를 보면서 협업을 할 때 아바타 위에 상대방의 이름을 볼 수 있고 상대방이 노트한 내용을 회의실 전면에 있는 블랙보드에서 실시간으로 다같이 볼 수도 있다.

Guide5. 360도 공간에 콘텐츠와 밀접하게 UI를 배치한다

VR UI에서는 PC모니터나 모바일처럼 사각형의 화면 구석 상단 및 좌측 등에 UI를 두지 않고 주로 사용자 정면의 하단이나 중앙 공간에 UI를 위치시킨다. UI는 360도 공간 안에 놓여 있는 가상의 모니터 등의 사물처럼 배치된다. 평소에는 360 공간을 충분히 활용하기 위해 UI 영역이 사라졌다가 컨트롤러의 메뉴 버튼을 누르면 가상의 모니터처럼 사각형 화면이 띄워지고 그 안에 UI를 배치한다. 360 공간에서 사용자 정면에 위치하되 콘텐츠의 컨셉과 어울리는 모니터, 태블렛 등의 오브젝트 형태로 UI를 띄우거나 사각형 형태의 UI를 띄운다.

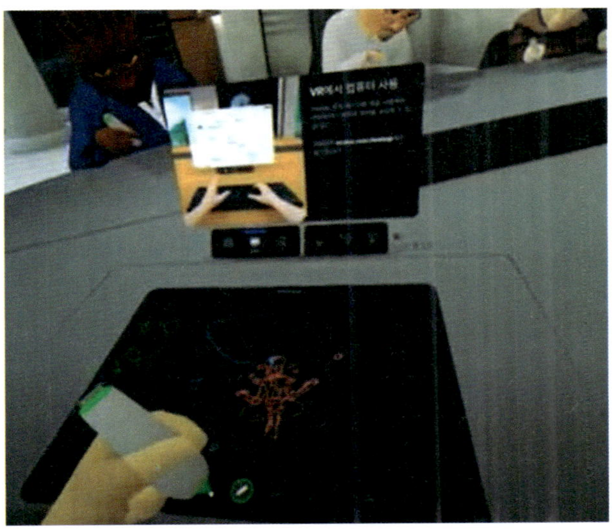

그림 42. 360도 공간에 자연스럽게 위치한 VR UI(예: Meta Horizon Workroom)

Guide 6. 화려한 360도 공간에서도 UI가 잘 보이려면 강한 명도 대비와 채도 대비가 필요하다.

Web UIUX와 모바일 App UIUX는 주로 흰색 배경에 문자와 사진, 영상으로 이루어진 레이아웃이 어느 정도 정형화되어 있기 때문에 UI가 눈에 쉽게 들어오는 편이지만 VR 공간은 배경이 화려하고 배경 자체가 주요 콘텐츠로 구성되어 있기 때문에 UI를 강한 명도 및 채도 대비로 표현해야 UI가 눈에 띈다.

그림 43. 빨간색과 파란색 버튼으로 UI가 눈에 잘 띄게 하였다.

Guide 7. 필요에 따라 반투명한 UI로 중요한 콘텐츠인 배경을 최대한 가리지 않도록 한다.

메타버스 공간에 UI를 둘 때는 공간을 가리는 것을 최소화 하기 위해 UI를 반투명하게 처리하는 경우가 종종 있다.

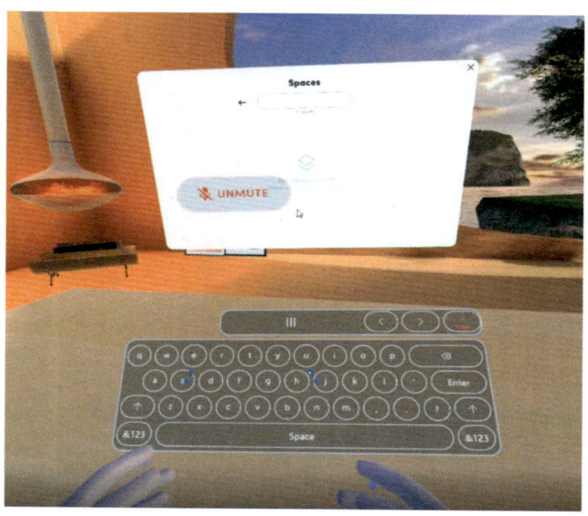

그림 44. Spatial.io의 검색창과 Note를 사용할 때 뜨는 반투명한 가상 키보드[30]

그림 45. Spatial VR에서는 아이콘도 반투명하게 처리하여 배경을 가리는 것을 최소화한다.

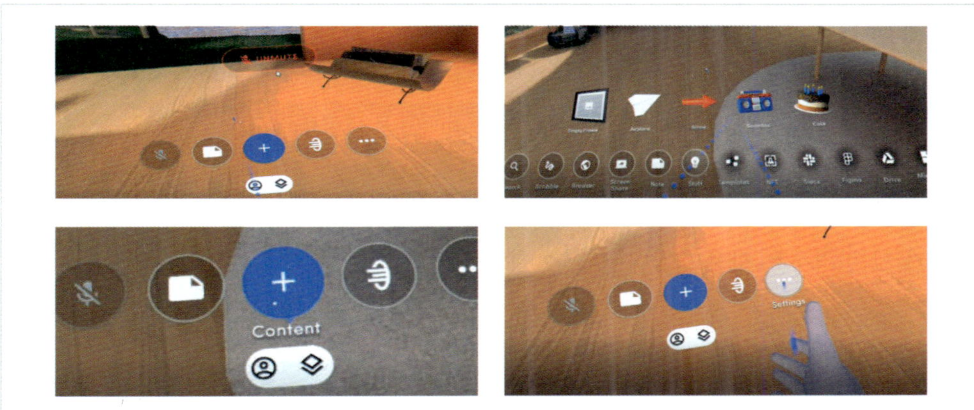

그림 46. Enable 상태는 반투명하고, Hover하면 약간 불투명해지고 Text Label도 최대한 배경을 가리지 않게 뜬다(예: Spatial VR 버전)

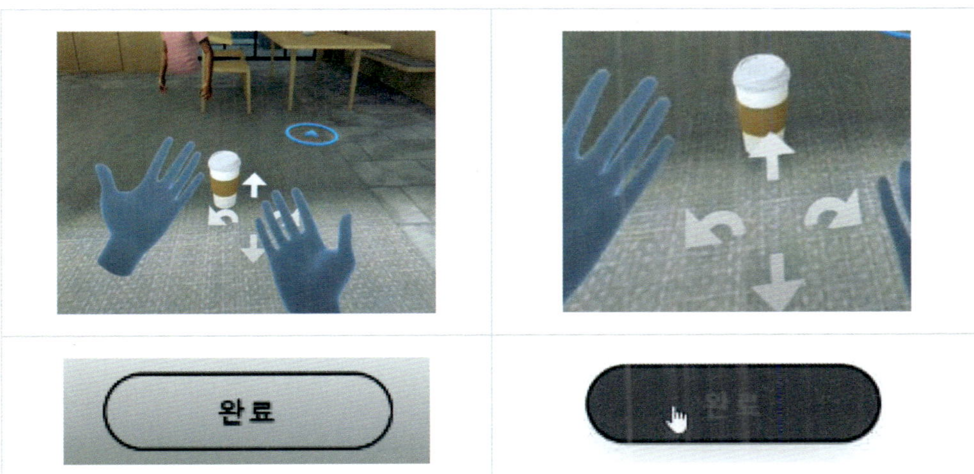

그림 47. PC버전 Spatial.io[31)] 에서는 Enable 상태이다가 Hover가 되면 반전되는 느낌으로 명암이 바뀌어 사용자에게 Hover되었음을 명확히 전달한다.

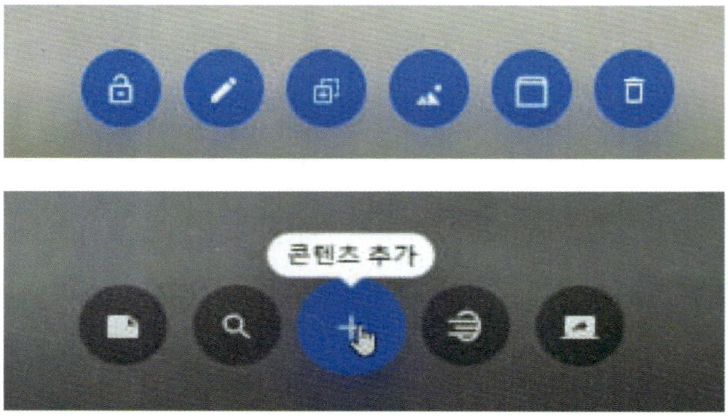

그림 48. PC버전 Spatial.io에서는 UI가 불투명하고, text label도 불투명한 말풍선 위에 뜬다.

Guide 8. 필요에 따라 VR공간에서는 정보가 어디에 있는지 안내해 주는 UI가 필요하다.

360 VR공간에서 User가 볼 수 있는 시야각은 120도 정도 이므로 시야각을 벗어난 공간에 정보가 있는 경우는 사용자에게 정보의 위치를 안내해주는 UI가 필요하다.

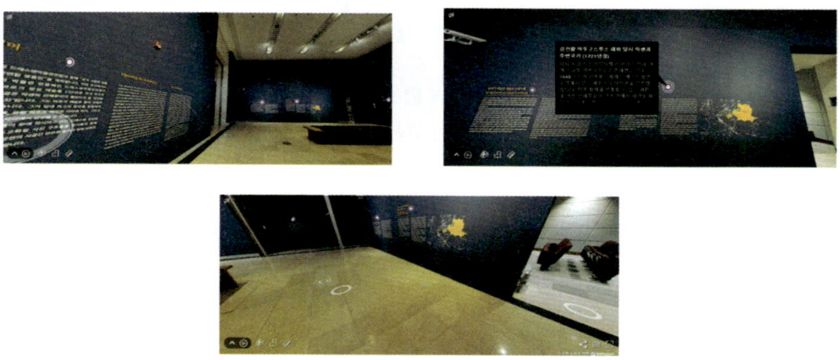

그림 49. 360vrmuseum.com의 PC버전 VR 전시관의 전시물 정보 위치 안내[32]

Guide 9. 눈의 피로감을 줄이기 위해 PC나 모바일에 비해 전체적으로 좀 더 어두운 톤을 사용한다.

어두운 색의 배경으로 눈의 피로를 줄이고 액센트 컬러 버튼으로 정보의 우선순위를 빠르고 명확하게 전달한다. PC나 모바일 화면에서는 흰색 배경을 많이 사용하지만 눈 가까이서 디스플레이되는 HMD기반 화면은 눈의 피로감을 줄이기 위해 어두운 톤의 사용을 권장한다.

그림 50. 어두운 색의 배경으로 눈의 피로를 줄이고 액센트 컬러 버튼으로 정보의 우선순위를 빠르고 명확하게 전달하는 Alt Space의 UI 화면

Guide 10. 전체 Tone & Manner에 맞게 UI Tone & manner를 설정하되, 기능적인 부분이 분명하게 보이게 하라.

Push To Move라는 Text Label은 브라운과 오렌지 색상을 이용하여 전체 공간 분위기에 맞췄지만 기능을 선택하는 버튼은 눈에 띄게 밝은 색의 버튼 도형으로 제작하였다.

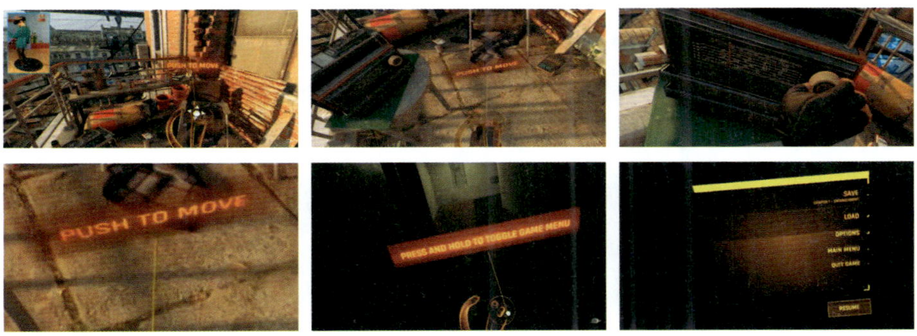

그림 51. 콘텐츠의 톤앤메너에 맞추면서 명도 채도를 높혀서 UI가 눈에 띄게한 Half-Life Alyx VR UI 사례[33]

Guide 11. Text label이 추가되면 사용성을 높일 수 있다.

text label이 추가되면 사용성을 높일 수 있다. 즉, 다소 디자인 요소가 많아지더라도 사용자에게 친절하게 설명해주는 인터페이스가 VR 공간에서는 특히 필요하다. 화면 디자인 면에선 복잡해 보 일 수 있으나 도널드 노먼(2010)이 언급했듯이 복잡한 것이 꼭 혼란스러운 것은 아니며 오히려 이해하는데 도움을 주기도 한다. Guided Meditation에서는 text label을 적극적으로 사용하여 안내해 주는 사람이 없이도 초보자도 컨트롤러 조작을 직관적으로 할 수 있다.

그림 52. 사용성을 높여주는 Guided Meditation의 text label

Guide 12. 튜토리얼이 추가되면 사용자의 체험을 도울 수 있다.

튜토리얼을 추가하면 사용자는 체험 방법을 더 쉽게 익힐 수 있다. 사용자에게 친절하게 설명해주는 인터페이스가 VR공간에서는 특히 도움이 된다. 튜토리얼은 '낯선 이에게 말하기'와 비슷하고(제시 셀, 2010), 성경에 나오는 '손님 대접하기를 잊지 말라. 이로써 부지 중에 천사들을 대접한 이들이 있었느니라'는 태도와 맥락을 같이한다(히브리서 13:2). 내가 만든 콘텐츠를 처음 접하는 사람이 헤메지 않고 더 쉽게 체험할 수 있도록 친절하고 섬세하게 안내해주는 역할을 하는 튜토리얼은 VR콘텐츠의 도입부에 매우 중요하다. 오큘러스 스팀에 출시되어 있는 VR콘텐츠인 The Key의 도입부에서는 Title이 나오기 전에 position과 interaction 방식에 대한 코치 마크가 세 단계에 걸쳐서 순차적으로 나온다. 사용자가 앉아서 체험해야할지 서서 체험해야 할지를 안내해주며, 콘텐츠 안에서 오브젝트를 터치하면 인터랙션이 된다는 것을 안내한다. 그리고 컨트롤러에서 트리거 버튼을 누르면 텔레포트(순간 이동) 된다는 것도 친절하게 안내한다.

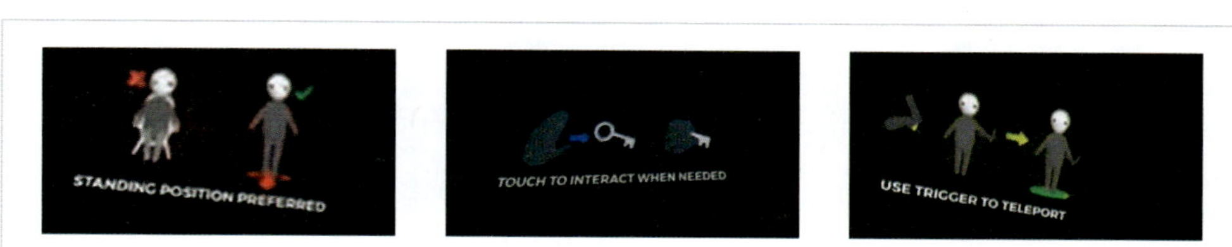

그림 53. The Key의 튜토리얼

Guide 13. 튜토리얼이 추가되면 사용자의 체험을 도울 수 있다.

튜토리얼을 추가하면 사용자는 체험 방법을 더 쉽게 익힐 수 있다. 사용자에게 친절하게 설명해주는 인터페이스가 VR공간에서는 특히 도움이 된다.

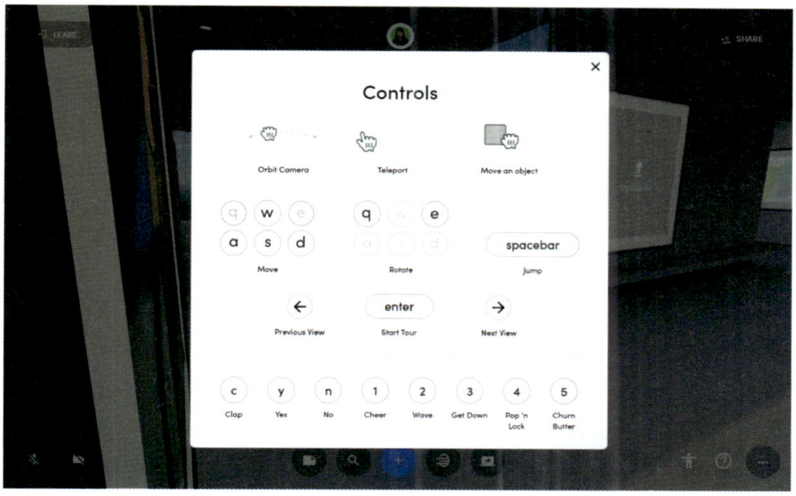

그림 54. Spatial의 PC버전 튜토리얼 화면

Guide 14. Affordance를 사용하여 사용자가 적절한 행동을 할수 있도록 실마리를 제공하라.

어포던스는 어떤 형태나 이미지가 행위를 유도하는 힘(행동유도성)이다. 예를 들어 책을 보다가 중요한 부분에 포스트잇을 붙여 놓으면 다음에 볼 때 어느 페이지에 중요한 내용이 있는지 직관적으로 바로 알 수 있다. 이런 식으로 UI는 적합한 이용에 대한 직관적인 실마리를 제공해야 한다. 이때 필요한 특별한 능력이 바로 공감 능력이다. 사용자가 어느 정보를 이미 보았는지를 표시해 주는 버튼 상태 표시(Enable/ Hover/ Disable/ Selected/ Focused)와 현위치 표시 등은 사용성을 높인다.

그림 55. 오프라인에서 자연스럽게 발생하는 어포던스

그림 56. Horizon Workroom의 Enable과 Hover 버튼 상태

Guide 15. 뒤로 가기 버튼

뒤로 가기 버튼은 웹/모바일앱UI의 기능과 동일하게 유지하는게 사용성에 도움이 된다. 항상 같은 위치에 있어야 한다. 한 번에 한 단계씩 뒤로 돌아가는 동일한 방법으로 작동한다.

Guide 16. 다운로드 시간을 고려해야 한다.

메타버스는 3D 공간으로 구성된 콘텐츠이기 때문에 웹이나 모바일 앱처럼 무작정 빠른 속도로 가볍게 만드는 것이 좋다고 하기는 어렵다. 그러나 여전히 다운로드 속도는 사용자에게 중요하다. 다운로드 시간이 길어지면 HMD를 벗어야하나 쓰고 기다려야 하나 고민이 된다. 이러한 순간에도 적절한 가이드가 제시되면 사용자에게 도움이 된다.

Guide 17. 디바이스 간 호환성이 중요하다.

PC에서의 호환성은 브라우저간 호환성을 의미했지만 메타버스 플렛폼은 궁극적으로 PC와 모바일에서도 호환이 될 때 해당 플렛폼에 대한 접근성이 올라간다. 즉, 메타버스 플렛폼에서는 다양한 디바이스 간의 호환성이 중요하다. 따라서 메타버스 플렛폼의 호환성은 동일 플렛폼 브랜드가 PC, 모바일, HMD 등의 다양한 하드웨어 버전을 가지고 있는지도 의미한다. Spatial.io는 PC, 모바일, HMD 버전을 모두 구축한 사례이다. 반면에 자체 HMD 하드웨어인 Oculus를 보유하고 있는 META PLATFORMS는 HMD버전으로만 구축되고 있다.

Spatial의 PC버전 UI

Spatial의HMD버전UI

그림 57. Spatial의 PC버전과 HMD 버전

Guide 18. 360도 공간에는 정보의 양이 많기 때문에 사용자의 시선을 우선 순위에 맞춰 이끌 수 있는 시각적 계획이 필요하다.

자칫 주변을 둘러보다가 가상 공간에서 길을 잃을 수 있기 때문에 공간에 대한 안내가 필요하고, 메뉴 버튼은 항상 접속하기 쉬워야 한다. PC에서는 GNB가 항상 띄워져 있고, 모바일앱에서는 화면에 메뉴 버튼(햄버거 버튼)이 항상 띄워져 있기 때문에 시각적으로 직관적으로 찾을 수 있지만, HMD 기반의 VR에서는 일반적으로(눈에 보이지 않고 손으로 만질 수 있는) 컨트롤러의 메뉴 버튼을 눌러서 VR 공간에 메뉴를 띄우기 때문에 이 방식이 낯선 초보자에게는 튜토리얼이나 텍스트 레이블링으로 시각적으로 알려주는 것이 도움이 된다.

참고문헌

1) Donald Norman(1995), The DESIGN of EVERYDAY THINGS
2) Ivan E. Sutherland (1965), The Ultimate Display. In the Congress of the International Federation of Information Proceedings (IFIP)
3) JaKob Nielsen(2000), Web usability
4) JaKob Nielsen(2006), Prioritizing Web Usability
5) Jason Jerald(2015), The VR Book: Human-Centered Design for Virtual Reality
6) kei-studios.com
7) Neal Stephenson(1992), Snow Crash
8) Stanley G. WeinBaum(1935), Pygmalion's Spectacles
9) virtualspeech.com
10) Zachary Deocadiz. (2019). "How to Design Social VR Spaces: A Framework for Conceptualizing and Evaluating Social VR Applications". https://virtualrealitypop.com/how-to-design-social-vr-spaces-fc06f532ef4a
11) 도널드 노먼(1998), 생각하는 디자인, 학지사, pp107~109 (Donald A. Noorman, Things That Makes Us Smart, 1993)
12) 도널드 노먼(2010), Living with Complexity, 도널드 노먼의 UX 디자인 특강, pp144-150
13) 도널드 노먼(2018), 도널드 노먼의 UX 디자인 특강-복잡한 세상의 디자인, 유엑스 리뷰, p104 (Donald A. Noorman, LIVING WITH COMPLEXITY, 2010)
14) 오큘러스 스팀(2022.08) https://drive.google.com/drive/folders/1n_564AX8E0LugyxRGgfo-rAP2pug5vBG
15) 제이슨 제럴드(2019), VR BOOK, 에이콘 출판
16) 2015년 4월 14일자 http://humansystems.arc.nasa.gov/groups/acd/projects/hmd_dev.php 에서 발췌 및 요약 (재인용)
17) https://360vrmuseum.com/showcase/3VzkdUcgjGM
18) https://blog.google/products/google-ar-vr/daydream-elements-foundational-vr-design/
19) https://blog.google/products/google-ar-vr/daydream-elements-foundational-vr-design/
20) https://careerfoundry.com/en/blog/ux-design/the-fascinating-history-of-ux-design-a-definitive-timeline/

21) https://cz.pinterest.com/grape0346/mobile-_-%EC%BD%94%EC%B9%98%EB%A7%88%ED%81%AC/

22) https://developers.google.com/vr/design/sticker-sheet

23) https://m.blog.naver.com/PostView.nhn?blogId=dksrudthsu1&logNo=221205889452&proxyReferer=https:%2F%2Fwww.google.com%2F

24) https://material.io/components/buttons#text-button

25) https://material.io/components/buttons#text-button

26) https://material.io/design/iconography/system-icons.html#system-icon-metrics

27) https://store.facebook.com/kr/ko/quest/products/quest-2/?utm_source=https%253A%252F%252Fwww.google.com%252F&utm_medium=organicsearch 에서 발췌 (2021년 11월 11일)

28) https://www.vive.com/kr/product/vive-pro-full-kit/ 에서 발췌(2021년 11월 11일)

29) https://www.youtube.com/watch?v=GA5lMxtWrYU

30) https://youtu.be/TQWJ6HE2AIw

31) https://youtu.be/Z9KrgOzT5iQ

32) 도널드 노먼, 2010, Living with Complexity, 도널드 노먼의 UX 디자인 특강

33) 제시 셸(2010), The Art of Game Design, 에이콘 출판사, p32

34) 히브리서 13:2

이미지 출처

1) Stanley G. WeinBaum(1935), Pygmalion's Spectacles

2) Ivan E. Sutherland (1965), The Ultimate Display. In the Congress of the International Federation of Information Proceedings (IFIP)

3) Ellis S. R., 2014, Where Are All the Head Mounted Displays? 2015년 4월 14일자 http://humansystems.arc.nasa.gov/groups/acd/projects/hmd_dev.php에서 발췌 및 요약 (재인용)

4) https://www.vive.com/kr/product/vive-pro-full-kit/ 에서 발췌(2021년 11월 11일)

5) https://store.facebook.com/kr/ko/quest/products/quest-2/?utm_source=https%253A%252F%252Fwww.google.com%252F&utm_medium=organicsearch 에서 발췌 (2021년 11월 11일)

6) https://m.blog.naver.com/PostView.nhn?blogId=dksrudthsu1&logNo=221205889452&proxyReferer=https:%2F%2Fwww.google.com%2F

7) virtualspeech.com

8) kei-studios.com

9) 신구대학교 웹사이트 메인 화면, 2021

10) 인스타그램 모바일 버전 화면 UI 사례 https://osxdaily.com/2014/10/09/use-reachability-iphone/

11) https://cz.pinterest.com/grape0346/mobile-_-%EC%BD%94%EC%B9%98%EB%A7%88%ED%81%AC/

12) https://material.io/components/buttons#text-button

13) https://material.io/design/iconography/system-icons.html#system-icon-metrics

14) 3dsMax는Autodesk사의 3D 그래픽 제작 툴이다. https://www.autodesk.com/kr/products/3ds-max/overview?term=1-YEAR&tab=subscription (2025.01.23)

15) META에서 출시한 HMD기반의 메타버스 오피스 플랫폼이다. https://forwork.meta.com/kr/horizon-workrooms (2025.01.23)

16) https://virtualrealitypop.com/how-to-design-social-vr-spaces-fc06f532ef4a

17) 2025년 4월까지 부산현대미술관에서 전시된 '해심서(Melting Worlds)의 VR게임 부분의 체험 방법 안내문

18) 2024년11월부터 2025년 4월까지 부산현대미술관에서 전시된 서소팀의 '해심서' 미디어

인터랙션 작품의 VR게임 버전의 내부에 있는 컨트롤러 작동법 튜토리얼 장면 (노현지, 권민아, 김영란, 이민희, 이슬기, 조현재, 허준, 2024)

19) https://blog.google/products/google-ar-vr/daydream-elements-foundational-vr-design/

20) https://blog.google/products/google-ar-vr/daydream-elements-foundational-vr-design/

21) https://blog.google/products/google-ar-vr/daydream-elements-foundational-vr-design/

22) Google AR & VR에서 발표한 Menu Systems 그림

23) https://developers.google.com/vr/design/sticker-sheet

24) Google Daydream Elements Style Guide의 각도의 개념

25) Google Daydream Elements Style Guide의 딤(dmm, distant-independent millimeter) 단위 그림

26) Google AR & VR에서 발표한 HMD 기반 VR UX 스타일 가이드의 각도와 거리를 고려한 UI 배치

27) Google AR & VR에서 발표한 VR 공간에서 UI 박스의 컬럼 구조

28) https://m3.material.io/foundations/interaction/states/overview
https://m3.material.io/components/chips/specs

29) https://blog.google/products/google-ar-vr/daydream-elements-foundational-vr-design/

30) http://Spatial.io

31) Spatial.io는 Jinha Lee와 Anand Agarawala에 의해 2016년에 공동 설립 된 플랫폼이다. 사용자가 3D 가상 환경에서 회의, 협업, 프레젠테이션을 할 수 있도록 지원하는 메타버스 기반의 협업 플랫폼이다. 이 플랫폼은 VR(가상현실), AR(증강현실), PC 및 모바일 기기에서 모두 접근 가능하며, 사용자는 아바타 형태로 입장하여 실시간으로 문서, 3D 오브젝트, 이미지를 공유하고 상호작용할 수 있다. 주로 원격 근무, 디자인 협업, 가상 전시회 등에 활용된다.

32) https://360vrmuseum.com/showcase/3VzkdUcgjGM

33) https://www.youtube.com/watch?v=GA5lMxtWrYU

CHAPTER 3

아바타

강민정

3-1 아바타 개념 이해

1 아바타와 자아의 개념

(1) 아바타의 개념

아바타(avatar)란 용어는 디지털 환경에서 자기표현을 위한 하나의 이미지 캐릭터로서 모든 가상 세계에서 상호 작용을 위해 사용된다. 아바타의 본뜻은 산스크리트어로 '내려오다, 통과하다'는 의미의 아바(Ava)와 땅이란 뜻인 테라(Tera)의 합성어이다. 힌두교에서는 신이 구체화된 모습으로 인간 세계에 내려오는 것을 의미하는 것으로 사전적 의미는 육체화 한 것, 분신(分身: incarnation), 현상화 한 것, 화신(化身: embodiment) 또는 어떤 특별한 존재의 모양의 구체화(manifestation)라는 의미를 담고 있다. "신, 특히 비슈누(Vishnu)가 인간, 초인간 또는 동물 형태로 나타난 것"을 의미한다(Collins English Dictionary, 1998).

그림 1 인도 사람에게 현신한 수백억 '아바타'(출처: 인도 민화로 떠나는 신화여행[1])

아바타라는 용어가 디지털 세상에서 자기표현이라는 의미로 처음 소개 된 것은 1984년 최초의 멀티유저 온라인 롤플레잉 게임(RPG)인 '다중 사용자 던전(Multi-User Dungeon)' 소위 '머드1(Mud1)'에서 이다. 이후 닐 스티븐슨(Neal Stephenson)이 1992년에 출판한 소설 스노우 크래쉬(Snow Crash)에서 컴퓨터 과학 및 관련 분야에서 대중화되었다. 이 책에서는 "아바타"를 "컴퓨터 기술을 통해 의인화된 일반적인 그래픽 표현"으로 정의하였다(wikipedia, n.d.). 메타버스라는 용어도 이때 등장한 것으로 컴퓨터화면에서 관찰되는 정적인 그림과 동적인 캐릭터를 모두 포함한 가상세계에서 사람의 디지털표현 이라는 새로운 의미로 아바타라는 용어가 사용된 것이다.

(2) 자아 정체성과 아바타

자아 개념 연구, 특히 자존감 분야에서 중요한 공헌을 한 미국의 저명한 사회학자이자 심리학자인 모리스 로젠버그(Morris Rosenberg, 1979)는 자아의 개념을 "개인이 자신을 객체 혹은 대상으로 보고, 타인과 구별되는 독특한 이미지로서 자신에 대한 생각과 느낌의 전체"로 정의한다. 가상 공간에서 아바타는 사용자의 자아 정체성을 표현하는 이미지로, 사용자의 분신이자 또 다른 자아의 모습이다. 이는 현실과 가상 세계를 연결하며, 타인과 지속적으로 상호작용하는 과정에서 자신이 보여주고자 하는 정체성을 나타낸다.

가상공간에서의 자기(self)는 현실에 없는 새로운 정체성이 아닌, 기존 정체성의 또 다른 표현이다. 가상공간의 특수한 환경은 개인의 자유와 선택이 정체성에 영향을 미치게 하며, 이를 통해 다양한 자아를 탐험하게 한다(윤송이 & 이규혜, 2011).

MIT 대학의 셰리 터클 박사는 자신의 저서 "스크린 위의 삶: 인터넷 시대의 아이덴티티"에서 아바타를 인간의 내재된 여러 자아로 보고, 다양한 정체성을 탐구하려는 인간의 심리를 분석했다. 이 책에 따르면, 인간은 사이버 공간에서 상반된 성 역할을 수행하고 싶은 욕망을 실제로 경험하며, 아바타를 통해 다양한 정체성을 자유롭게 변형하고자 한다. 이처럼 가상 공간에서는 소통의 대상과 목적에 따라 멀티페르소나를 만들어, 자신의 정체성을 가장 효과적으로 표현할 수 있는 아바타를 다양하게 설정한다.

2 자아 유형에 따른 아바타

벨리슬과 보두르(Bélisle & Bodur, 2010)는 아래 표 1과 같이 아바타를 기획할 때 참고할 수 있는 자아 유형을 4가지로 구분하였다. 이번 장에서는 각각의 자아 유형이 아바타 관련 서비스에 어떻게 반영이 될 수 있는지 사례를 통해 설명할 것이다.

표 1. 자아 유형 정의 및 아바타 예시

자아 개념	개념 정의	아바타 디자인 적용	예시
실제 자아 (Actual Self) (Rogers, 1959)	자신이 누구인지, 무엇을 하는지에 대한 현실적이고 객관적인 인식. 현재의 자아 상태를 반영하며, 개인이 실제로 느끼는 자신의 모습.	현실 세계의 자신을 그대로 반영한 아바타. 직장에서의 업무를 위해 실제 외모나 직무를 반영한 아바타.	
이상적 자아 (Ideal Self) (Rogers, 1959)	자신이 되고자 하는 가장 완벽한 모습. 이상적 목표와 가치에 부합하는 자아. 자기계발과 목표 성취를 위한 동기 부여 요소로 작용.	자신이 꿈꾸는 완벽한 모습으로 아바타를 디자인. 이상적 목표나 가치를 반영. 영웅적이거나 매력적인 아바타.	
가능한 자아 (Possible Self) (Markus & Nurius, 1986)	미래에 자신이 될 수 있는 다양한 가능성에 대한 상상과 기대를 의미. 긍정적 / 부정적인 가능성 모두 포함. 개인이 스스로의 변화를 상상하고 목표로 삼는 모습.	자신이 되고 싶은 다양한 가능성을 표현하는 아바타 디자인. 직업적으로 성공적이거나 건강한 자신의 모습을 반영한 아바타.	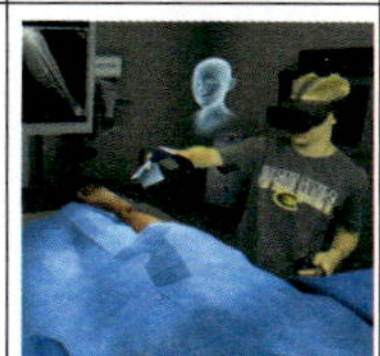
희망하는 자아 (Hoped-for Possible Self) (Markus & Nurius, 1986)	개인이 희망하는 구체적인 미래의 자아, 성공과 성취에 대한 희망을 반영. 가능한 자아의 하위 개념으로, 특히 긍정적이고 구체적인 목표를 지향함.	특정 목표나 성취를 이루고자 할 때 이를 상징적으로 표현하는 아바타 디자인.	

(1) 실제 자아(The Actual Self)

실제 자아는 대상이 현재 가지고 있는 개인적 특성을 대표하는 것으로, 실제로 그 사람이 누구인지를 나타낸다. 가상공간에서는 사용자의 외모와 아바타의 유사성이 높을수록 현실의 자신과 유사하게 행동하고 표현하려는 경향이(Loewen, 2021) 있기 때문에 실제 자아 표현에는 사실적 표현이 적합하다. 사실적인 얼굴 표정을 가진 아바타는 환자의 감정을 감지하고 상태 파악이 중요한 의료 분야, 기업 교육 비디오나 프레젠테이션, 가상 회의, AI 기반 고객서비스 등 다양한 분야에서 중요한 역할을 할 수 있다.

메타(Meta)는 이를 위해 가상 공간에 완전히 사실적인 아바타를 생성하는 코덱(Codec) 2.0 아바타와 아바타 소프트웨어 개발 키트(SDK)를 그림 2와 같이 개발 중에 있다. 한 인터뷰에서 메타의 CEO 마크 쥬커버그(Mark Zuckerberg, 2022)는 미래에는 캐주얼 게임을 할 때는 “표현주의” 아바타를 사용하고, 업무 회의에서는 “현실적인” 아바타를 상황에 맞게 손쉽게 바꿔서 사용할 것이라 설명했다.

그림 2. 실제자아를 반영한 아바타 /Meta's Codec 2.0 avatar
(출처: 유튜브 VR Trailers & Clips 채널, 2022[2])

(2) 이상적인 자아(The Ideal self)

이상적 자아는 대상이 이상적으로 되고 싶어하는 가장 완벽한 자신의 모습을 나타낸다. 이 경우, 아바타를 만드는 과정에서 사용자들은 자신이 원하는 이상적인 모습을 반영하기 위해 노력하고 자신의 아바타를 보는 사람들이 자신이 추구하는 이상적인 자아를 알아봐 주기를 원한다(Bélisle & Bodur, 2010). 이상적인 자아를 반영한 캐릭터를 만들게 되면 게이머들은 몰입도와 게임 경험을 개선할 수 있고, 심리치료시 자아 개념을 탐색하고 개선할 수 있으며(Wagensveld et al., 2023), 사용자가 이상적인 스타일을 탐색하고 실험해 볼 수 있는 가상피팅 서비스에 활용될 수 있다.

이러한 이상적인 모습에 대한 표현 욕구를 충족시켜주기 위해 그림 3은 메타버스 아바타 플랫폼인 레디플레이어미(the ready player me)와 메타버스 패션 하우스 아티팩트(RTFKT)는 협업을 하여 독특한 가상 스니커즈와 자켓 컬렉션과 같은 패션 아이템 및 기타 수집품 라인을 출시하였다.

그림 3. 이상적인 아바타 표현을 위한 서비스 사례(출처: 레디플레이어미[3])

(3) 가능한 자아(The Possible Self)

가능한 자아는 개인이 미래에 되고자 하는 모습이나 목표를 의미하며, 자신이 앞으로 어떤 사람이 될 것인지를 나타낸다. 이러한 자아 유형은 긍정적이고 부정적인 특성을 모두 포함할 수 있다. 개인이 되고자 바라는 이상적인 자아뿐만 아니라 피하고자 하는 두려운 또는 원치 않는 자아도 반영한다. 직업, 대인관계, 개인적 성취, 건강 등과 같은 다양한 생활 영역을 포함할 수 있다(Markus & Nurius, 1986).

예를 들어, 현재 의과 대학생의 가능한 자아는 성공적인 대학 교육을 받은 뒤 전문의로서 성공을 이루는 모습일 수 있고 또한 실패하거나 실직할 수 있는 자신도 가능한 자아에 포함된다. 가능한 자아는 개인의 욕망과 비전에 따라 다양한 모습을 가질 수 있으며, 개인의 목표와 가치관에 맞게 발전하고 성취될 수 있는 자아이다. 이러한 자아는 VR 어플리케이션을 통해 직업 탐색 및 커리어 지도, 다양한 직업과 업무 환경을 탐색하고, 해당 직업의 장단점, 필요한 역량 및 기술 등에 대한 정보를 제공하여 커리어 선택과 진로 개발에 도움을 줄 수 있다.

가상 현실(VR) 교육 및 시뮬레이션 솔루션을 제공하는 회사의 일 예로 아크 버추얼(Arch Virtual)이 있다. 이들의 솔루션은 실제 세계의 복잡한 시나리오를 VR 환경에서 모의하고 연습할 수 있게 하여, 사용자가 실제 상황에서 요구되는 기술과 절차를 효과적으로 학습하고 숙달할 수 있도록 돕는다. 아래 그림 4는 병원의 수술 과정을 시뮬레이션하고 훈련하는 장면이다.

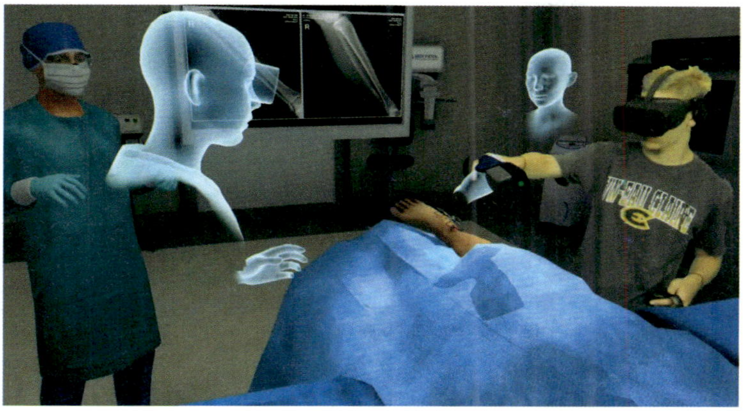

그림 4. 가능한 자아 아바타(출처: https://archvirtual.com[4], 2018)

(4) 희망하는 가능한 자아(The Hoped-for Possible self)

실제 자아(the actual self)와 이상적인 자아(the ideal self)사이의 중간점으로 앞서 언급한 가능한 자아(the possible self) 중에서 긍정적인 자아를 의미한다. 희망하는 가능한 자아는 대상이 되고자 하는 사람의 모습을 대표하며, 적절한 조건이 주어진다면 그 사람이 될 수 있다고 믿는 사회적으로 바람직한 자아이다(Markus & Nurius, 1986). 예를 들어, 어떤 사람이 더 외향적으로 보이고 싶어하지만, 직업의 특성상 새로운 사람들을 만날 기회가 부족한 경우가 있을 수 있다. 또한, 외모에 대한 콤플렉스, 말더듬, 내성적인 성격, 혹은 높은 압박 상황 등 다양한 요인들이 희망하는 자아를 실현하는 데 장애가 될 수 있다.

이러한 유형의 자아는 가상공간에서 아바타를 이용하여 발전된 모습으로 훈련이 가능하다. 예를 들면 2021년 플로스(PLOS) 학술지에 발표된 연구는 대인 관계 기술 훈련에서 롤 모델 유형이 미치는 영향을 조사했다. 이 연구에서 훈련생에게 두 가지 유형의 카리스마 있는 아바타 연설 비디오를 보여주었고, 참가자들은 훈련 전후에 그림 5와 같이 VR에서 연설을 진행했다. 결과적으로, 훈련생과 닮은 '도플갱어' 아바타가 단순히 성별만 동일한 아바타보다 연설 능력 향상에 더 효과적이었다. 특히 자기 효능감이 낮은 남성 참가자들에게 더 큰 효과가 있었고, 연구자들은 이들이 아바타를 통해 더 큰 동기와 인내심을 얻게 되었다고 설명했다(Nurius et al., 2021).

그림 5. 희망하는 가능한 자아 아바타 – 연설에 참가한 아바타(출처:Kleinlogel, E.P. 외 4인, 2021[5])

홀로핏 브이알피트니스(HOLOFIT VR Fitness)서비스에서도 사용자는 자신과 동일시할 수 있는 맞춤형 아바타를 통해 운동 동기와 몰입도를 증가시킨다. 또한 아바타 커스터마이징은 자기 표현의 기회를 제공하며, 긍정적인 운동 태도로 이어지게 하고, 아바타에 대한 소유감과 책임감을 부여하여 지속적인 운동을 촉진한다. 아바타를 통해 운동 목표와 진행 상황을 시각적으로 확인할 수 있어 장기적인 운동 동기 유지에 도움이 된다(holodia.com, 2024).

3 아바타 이용동기 및 기능

아바타는 가상 공간에서 상호작용하고, 정체성을 표현하며, 소통하는 방식에서 중요한 역할을 한다. 아바타를 커스터마이징 함으로써 자신의 정체성을 드러낼 수 있고 소셜 VR에서 소속감을 느낄 수도 있다(Kolesnichenko et al., 2019). 상호간에 느끼는 친밀감(intimacy)은 자신을 어느 정도까지 노출할지 결정하는 주요 요소로 작용하며 타인과의 친밀감에 따라 자신을 노출하는 아바타의 유형에도 차이가 있을 수 있다. 예를 들어, 사용자는 친밀도가 높은 경우 사실적이고 개인적인 정보나 감정을 표현하는 아바타를 선호하는 반면, 친밀도가 낮은 경우에는 자신의 정체성을 보호하고 불확실성을 관리하려는 심리가 반영된 추상적이고 개인정보가 드러나지 않는 아바타를 선호하는 경향이 있다(박소영 외 2인, 2017).

이러한 심리를 반영하여 Zoom 서비스는 그림6과 같이 3D 아바타 플랫폼인 LoomieLive를 활용해 사용자가 원하는 디지털 아바타를 설정하고 회의에 참석할 수 있도록 지원하며, 이를 통해 프라이버시를 보호할 수 있다.

그림 6. 여러 가지 동기에 따라 선택하는 아바타(출처: PR Newswire, 2020[6])

(1) 아바타 이용동기

아바타의 이용동기와 관련된 여러 연구들을 종합해보면 아래 표 2와 같이 자기만족, 자아표현, 차별화, 자기 과시, 사회적 관계형성, 오락적 요소, 호기심으로 총 7가지로 정리된다. 이러한 아바타 동기를 충족시키기 위해 사용자의 자아 표현 방식, 형태, 의미 등에 부합될 수 있는 다양한 유형의 아바타 개발이 필요하다.

표 2. 아바타 이용동기

정희진&엄기서(2001)	이종윤 외 3인(2003)	윤순주(2004)	이용 동기 종합
자기만족	대리만족	대리만족	**자기만족**
	자아표현	자기표현	**자아표현**
차별화			**차별화**
자기 과시			**자기 과시**
	사회적 관계 형성		**사회적 관계 형성**
흥미	오락적 요소	재미추구	**오락적 요소**
		호기심	**호기심**

아바타 이용 동기는 성별에 따라 차이가 나타난다. 윤송이와 이규혜(2011) 연구에 따르면 여성들은 실제 모습과 유사한 아바타를 설정하는 경향이 강하며 현실세계에서 이루지 못한 외모나 스타일을 가상공간의 아바타에 아이템을 이용하여 자유롭게 표현함으로써 심리적 만족을 얻는다. 남성은 자기자신을 표현하는 수단으로 아바타를 이용하지만 선호하는 유형에서는 현실세계와는 달리 비현실적인 대체자아와 엽기적 자아와 같이 좀 더 일탈적이고 파격적인 모습을 선호하는 것으로 나타났다. 이러한 아바타와 자아의 동일성에서는 여성이 남성보다, 20대가 10대보다 더 동일시하는 경향이 나타났고 여성이 남성보다 이상적인 이미지를 추구하는 것으로 나타났다(윤순주, 2004).

연령에 따른 차이에서는 10대의 경우 현실 세계에서 시도하지 못하는 스타일을 추구하거나 심리적 대리만족을 얻기 위해 또는 또래 집단과 함께 동질감을 형성하기 위해 아바타를 이용한다. 예를 들어 고급 브랜드 의상, 고가의 악세사리 등의 제공을 통해 대리만족을 느낀다.

(2) 아바타의 기능

아바타는 주로 온라인 게임, 가상 현실(VR) 플랫폼, 소셜 미디어, 채팅, 쇼핑몰 등 다양한 영역에서 적용되어 사용된다. 메타버스의 성장과 함께 아바타의 중요성이 크게 부각되면서 여러 기업들이 다양한 목적의 가상 아바타들을 선보이게 되었다. 다음은 6가지 아바타 기능의 다양한 효과와 이점, 사례들을 소개하고자 한다.

① 자아 표현

소셜 VR에서 아바타는 이용자의 지속적인 상호작용에 가장 중요한 매개체 역할을 한다. 이에 아바타를 통한 자기표현 동기가 메타버스 서비스 이용동기의 중요한 요인으로 제시되고 있다(오지희, 2022). 아바타를 통해 개인은 자신의 창의성과 개성을 자유롭게 표현할 수 있다. 외모, 의상, 액세서리 등 다양한 요소를 조합하여 자신만의 독특한 아바타를 만들 수 있다. '2022년 메타버스 패션 트렌드'에 따르면, 로블록스를 이용하는 Z세대는 아바타를 자기 표현의 수단으로 활용하고 있다. 응답자의 47%는 '아바타에 옷을 입히는 것이 개성을 표현하는 방법'이라고 답했으며, 43%는 '그 과정에서 즐거움을 느낀다'고 응답했다.

아바타 스타일에 변화를 주는 주요 이유로 '현실에서의 기분과 감정' 53%, '로블록스 내 이벤트가 있을 때' 37%, '현실의 날씨 및 계절의 영향' 24%, '함께 어울리는 친구들의 영향' 24%로 나타났다(chosun.com, 2022). 이러한 요인들은 메타버스 내에서 마케팅 기획시 참고할 수 있을 것이다.

그림 7에서 보듯이 로블록스의 마켓플레이스에서는 사용자들이 자신의 취향에 맞게 아바타를 꾸미기 위해 의상이나 악세서리를 구매할 수 있을 뿐만 아니라 자신이 직접 디자인한 아이템을 판매할 수도 있다.

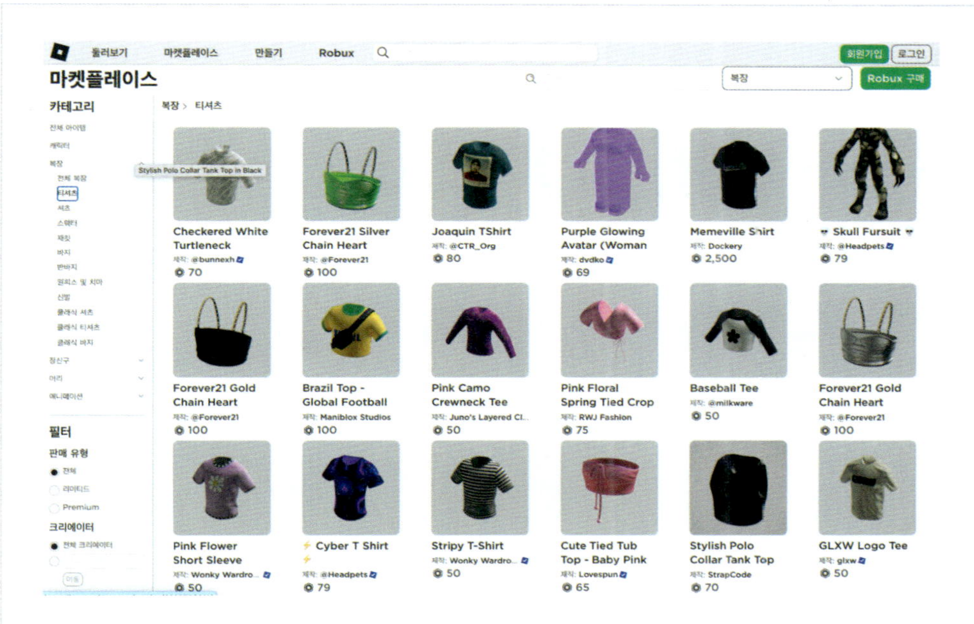

그림 7. 로블록스 아바타 의상 마켓(출처: 로블록스 마켓플레이스[7])

② 상호작용

아바타는 소셜 미디어 플랫폼이나 가상 현실 환경에서 다른 사용자와 상호작용하는 수단으로 사용되며 비대면 상황에서도 실제 대면 상황과 유사한 커뮤니케이션 경험을 할 수 있다. 소셜 네트워크의 활동, 온라인 게임에서의 협력과 경쟁, 가상 공연이나 이벤트 참여 등에 유용하게 사용될 수 있다.

소셜 공간에서 상호작용: 메타버스 내에는 사용자들이 다양한 유형의 공간에 모여 자유롭게 소셜 활동을 하고 관계를 형성할 수 있다. 대표적인 사례로 VRChat이 있다.

VRChat: 아바타를 통해 가상 세계를 통해 자유롭게 소통하고, 다양한 게임과 활동을 즐기며, 창의적인 콘텐츠를 공유할 수 있는 소셜 VR 플랫폼이다. 노래방, 볼링, 캡쳐더 플래그(Capture the Flag) 등 다양한 게임을 제공한다. 그림 8에서 보듯이 이 서비스에서 제공하는 아바타의 특징은 인간형 아바타부터 동물, 판타지 캐릭터까지 여러 형태의 아바타를 만들 수 있어 사용자의 창의성을 극대화하고 가상 세계에서의 몰입감 있는 상호작용이 가능하다. 사용자가 유니티(Unity) SDK를 사용하여 아바타와 월드를 제작하여 업로드가 가능하고 외모, 의상, 액세서리 등 다양한 요소를 조합하여 자신만의 독특한 아바타를 만들 수 있으며 아바타의 립싱크, 시선 추적, 눈 깜빡임, 머리와 손 동작 모방을 지원한다(wiki.vrchat.com, 2024).

그림 8. 브이알챗(VRChat)의 소통 공간(출처: 유튜브 VR 홍보 영상[8])

팀 프로젝트와 협업: 아바타를 이용하여 팀을 구성하고 프로젝트를 수행하거나 과제를 협업하여 해결할 수 있으며 또한 팀워크와 리더십 능력을 향상시킬 수도 있다

Horizon Workrooms: Horizon Workrooms는 얼굴 특징, 헤어스타일, 의상, 액세서리 등을 세밀하게 조정할 수 있으며, 피부 톤과 체형 등 다양한 신체적 특징도 선택할 수 있다. 이러한 세부적인 커스터마이제이션은 사용자의 개성을 반영할 수 있을 뿐만 아니라, 포용성을 높여 다양한 사용자들이 자신의 정체성을 보다 정확하게 표현할 수 있도

록 돕는다. 최신 아바타 기술을 활용하여 손, 컨트롤러, 눈, 얼굴 추적과 오디오 입력 등을 통해 아바타의 미세한 움직임과 표정을 정교하게 해석할 수 있다. 이러한 기술은 아바타가 사용자의 실제 감정과 의도를 보다 정확하게 전달하게 함으로써, 가상 환경 내에서의 상호작용을 한층 더 생생하게 만든다.

또한 사용자는 Workrooms 내에서 언제든지 자신의 아바타를 수정할 수 있어서 사용자가 필요에 따라 즉각적으로 자신의 아바타를 변경할 수 있도록 하여, 보다 유연하고 개인화된 가상 환경을 제공한다.

그림 9. 호라이즌 워크룸에서 미팅 화면(출처: meta.com[9])

③ 사용자 심리에 영향

아바타는 사용자의 심리적인 면에 영향을 미친 다는 것을 밝힌 수많은 연구들 있다. 연구들에 따르면 메타버스 사용자는 자신의 실제 모습과 유사한 아바타를 통해 자신의 이상적인 모습을 아바타에 표현하고 타인에게 공유 하려는 경향이 있다. 이러한 아바타 이용 행태는 자신감과 긍정적인 자아 이미지 형성에 도움이 되기 때문에 아바타는 가상 세계에서 타인과 상호작용을 할 때 편안함과 안전을 보장하는 사용자의 "보호 방패" 역할을 하게 된다(Bosch-Sijtsema & Sivunen, 2013).

가상 공간에서 아바타 특성이 사용자의 행동과 태도에 영향을 미치는 현상을 프로테우스 효과(Proteus effect)라고 부르며 이 개념은 2007년 6월 스탠퍼드 대학교의 연구원 닉 이와 제레미 베일런슨(Nick Yee & Jeremy Bailenson, 2007)교수가 제안한 것이다. 이 이론에 따르면 아바타의 외모와 특성이 사용자의 행동, 인지, 감정 상태에 영향을 준다. 사용자는 자신의 아바타와 관련된 고정관념이나 기대에 부합하는 방식으로 행동하는 경향이 있으며 이 효과는 가상현실(VR), 게임, 소셜 미디어 등 다양한 디지털 환경에서 관찰된다.

이들의 논문에 따르면 외모가 매력적인 아바타는 덜 매력적인 아바타에 비해 자기 공개 수준이 높고 대인관계에서 더 자신감을 보이는 경향이 있다. 또한, 키가 큰 아바타는 협상 과정에서 키가 작은 아바타보다 협상에 있어서 더 유리한 결과를 성취한 다는 것을 밝혔다. 또한 2023년 연구에서 참가자들은 가상공간에서 아바타가 자신과 유사하게 표현 되었을 때, 자신의 비언어적 행동이 더욱 자연스럽게 동기화되고, 또한 환경과 사람의 이미지를 더 현실적으로 인식하는 것으로 나타났다. 반면에, 참가자들이 동일한 유니폼 아바타로 표현되었을 때는 더 큰 쾌락을 경험한 것으로 확인되었다(Han et al., 2023).

이와 같이 아바타를 통해 사용자는 자신의 결점을 보완하고 이상적인 모습으로 표현함으로써 자신감과 심리적 안정감을 느낄 수도 있고, 아바타라는 가면 뒤에 숨어서 자유롭게 행동 할 수도 있다.

④ 교육과 훈련

아바타는 교육 및 훈련 분야에서도 사용될 수 있다. 메타버스 학습환경에서는 학습자가 자신의 아바타를 조작하여 직접적으로 활동에 개입함으로써, 학습자들 간 상호작용을 촉진하고 고립감을 극복하며, 학습자의 몰입도를 향상시킨다(양은별 & 류지헌, 2021). 예를 들어, 의료 분야에서 학생들은 가상의 환자 아바타와 상호작용하여 진단 및 치료 기술을 훈련할 수 있다. 또한, 언어 학습이나 소프트웨어 개발 분야에서도 가상 환경과 아바타를 이용한 교육이 활발하게 이루어지고 있다.

일 예로 영국의 코벤트리 대학(Coventry University)은 의료 교육을 혁신하기 위해 그림 10과 같이 인공지능(AI)을 활용한 가상 환자 아바타 시스템을 개발하였다. AI 기술을 통해 실제 환자처럼 행동하는 아바타가 단순히 증상을 나열하는 것이 아니라, 특정

질문에 대해 개별화된 답변을 제공한다. 학생들은 환자에게 트라우마를 주거나 화나게 하지 않는 임상 대화를 하며 환자 병력을 수집하는 연습을 할 수 있고 나중에 전체 대화를 다시 읽어 개선할 수 있는 방법을 살펴볼 수도 있다. 또한 학생들은 병원 병동, 수술실, 구급차 내부, 야외 환경 등에서 다양한 의료 상황을 시뮬레이션 할 수 있다 (digitalhealth.net, 2024).

그림 10. 코벤트리 대학에서 만든 AI 가상 환자(출처: digitalhealth.net[10], 2024.04)

스트라이버(STRIVR): 스트라이버(STRIVR)는 기업을 위한 XR(확장현실) 기반 몰입형 학습 플랫폼을 제공하는 회사로서 월마트(Walmart), 뱅크오브아메리카(Bank of America) 등 포춘(Fortune)지 1000 기업들이 주요 고객으로 활용 중이며 생성형 AI를 활용한 스토리라인 개발, 애니메이션 및 자산 생성 강화, 시각적 및 콘텐츠 기반 기능 최적화에 AI 기술 적용을 하고 있다. 스트라이버에서 제공하는 서비스는 다음과 같다 (strivr.com).

표 3. 스트라이버에서 제공하는 아바타 관련 서비스

아바타 서비스	서비스 설명
고객 서비스 훈련	Verizon과 협력하여 콜센터 직원이 어려운 고객을 응대하는 연습을 수행, 공감 능력과 감정 이해력을 강화.
소프트 스킬 개발	리더십, 의사소통, 협상 등 실전과 유사한 대화 훈련을 통해 직원 역량 향상.
다양성 및 포용성 훈련	다양한 배경의 아바타를 활용하여 문화적 감수성을 높이고 조직 내 포용성을 강화.
갈등 해결 및 위기 관리	실제 위기 상황을 시뮬레이션하여 직원들이 안전한 환경에서 갈등 해결 및 대응 방법을 학습.
개인화된 학습 경험	AI 기반 맞춤형 훈련 제공으로 각 학습자의 필요에 맞춘 교육 가능.
성과 측정 및 분석	아바타와의 상호작용 데이터를 수집하여 학습자의 성장과 학습 효과를 분석.

그림 11. 스트라이버(strivr) 사례 화면(출처: 유튜브 스트라이버 데모 영상[11], 2023.08)

인게이지 엑스알(ENGAGE XR): 아일랜드 기업이 개발한 가상모임 플랫폼 인게이지(engage)는 전문가, 이벤트 주최자, 교육자 및 기업이 자신의 가상 세계를 구축하고 직접 메타버스 서비스를 제공하며 새로운 비즈니스 모델을 만들 수 있도록 설계된 가상현실 플랫폼이다. 원격 교육, 협업, 이벤트 및 마케팅에 사용되며 고객이 가상 위치 및 디지털 트윈에서 직원, 고객 및 공급업체와 직접 소통할 수 있다. 인게이지 고객에는 케이피엠지(KPMG), 파이저(Pfizer), 쓰리엠(3M), 스탠포드 대학(Stanford University), 기아(KIA) 등 전 세계적으로 180개가 넘는 기업 조직과 협력하고 있다(engagevr.io). 그림 12는 메타버스를 이용한 국회 세미나 장면으로 참석자들은 자신들과 닮은 아바타를 이용하여 참석하였다.

그림 12. 인게이지(engage)를 활용한 국회 세미나에 아바타로 참여(출처: digitalbizon.com[12)])

⑤ 익명성 및 개인 정보 보호

아바타는 실제 개인의 외모와 신원을 숨길 수 있어, 온라인 활동 시 익명성을 제공하고 개인 정보를 보호하며 온라인에서 안전한 환경을 유지하는 데 도움이 될 수 있다.

중앙대 이기혁 교수는 메타버스의 부상으로 보안 및 개인정보 보호의 중요성이 커지고 있다고 언급하며, 이 문제를 해결하기 위한 방안으로 '대표 아바타'와 '게스트 아바타'의 구분을 제안했다. 여기서 '대표 아바타'는 신원 인증, 결제 처리, 가상 자산의 소유 등의 중요 기능을 담당하며, '게스트 아바타'는 접근 권한만 제공받는다. 또한, 그는 메타버스 간의 원활한 이동이 가능해질 경우, 기존의 보안 및 인증 시스템을 활용하여 아바타의 보안을 강화해야 한다고 강조했다. 이와 관련한 예로서, 메타에서 생성된 아바타를 이용해 SK텔레콤의 이프랜드에서 의류를 구매하고 로블록스에서 게임 이벤트에 참여하는 가능성에 대해서도 언급하였다(zdnet, 2021).

따라서 가상 공간에서 아바타는 '메타버스의 열쇠'가 되어 다양한 기능들이 서로 연결되고 작동할 수 있게 도와주고 또한 자신의 신원을 나타내는 데 사용할 수 있는 '여권' 역할을 할 것이다. 그들은 곧 블록체인 기술과 연결되어 데이터를 저장하고, 디지털 지갑이 되고, 세계를 여행할 것이다(xrtoday, 2023). 예를 들어 가상 대학에서 AI 프로그래밍 과정을 수강하고 수료증을 받으면 이 정보가 블록체인에 기록되어 위변조가 불가능한 형태로 저장되고 이후 가상 취업 박람회에서 자신의 아바타를 통해 이력을 제출하는 것이 가능해질 것이다.

⑥ 기업의 에이전트

AI 아바타는 기업의 홍보대사 또는 가상 커뮤니티의 상호작용 도구로 사용되고 있다. 홀즈워스(Holzwarth et al., 2006)의 연구는 아바타가 온라인 쇼핑에서 단순한 시각적 요소를 넘어, 소비자 행동에 영향을 미칠 수 있는 강력한 마케팅 도구임을 입증했다. 이에 기업은 소비자 경험을 최적화하기 위해 제품 유형과 브랜드 성격에 맞는 아바타 디자인을 전략적으로 활용할 필요가 있다고 밝혔다. 구체적인 아바타 기획 방향으로 자동차와 같은 고관여 제품(High-Involvement Products)에는 전문가형 아바타가, 식품이나 생활용품과 같은 저관여 제품(Low-Involvement Products)에는 친근형 아바타가 효과적일 수 있다고 언급한다.

다음 표 4에 AI아바타 에이전트의 기업 사례들을 국가별로 정리하였다.

⑦ 크리에이터 이코노미

아바타 시장은 지속적으로 성장하고 있으며, 그 규모가 더욱 확대되고 있다. 특히 글로벌 크리에이터 이코노미 시장은 2024년 912억 달러에서 2034년 1조 1,548억 달러로 성장할 것으로 예상되며, 연평균 성장률은 26.4%에 달할 것으로 전망된다(market.us, 2025). 아바타 사용 행태에 있어서도 Roblox의 2023년 보고서에 따르면, Gen Z 사용자들의 88%가 몰입형 공간에서의 자기표현이 현실 세계에서의 자기표현에 도움이 되었다고 응답했으며 84%는 자신의 실제 스타일이 아바타를 통해 영감을 받았다고 답했다(beautymatter.com, 2023). 그림 13에서 보듯이 크리에이터 중심의 메타버스 플랫폼인 더 샌드박스(The sandbox)의 경우 크리에이터는 수익의 95%를 가져가게 된다. 또한 플레이어들도 플레이투언(Play-to-Earn) 모델인 게임 플레이를 통해 샌드(SAND)토큰과 기타 보상을 받을 수 있다. 이는 크리에이터와 플레이어 모두에게 이득이 되는 사례로, 플레이어는 자신이 좋아하는 크리에이터가 정당한 보상을 받을 수 있도록 지원할 수 있다(blockchainresearchlab, 2023).

표 4. 기업 에이전트 아바타 사례

국가	제작사	아바타 이미지	대표 아바타	아바타 역할
한국	삼성전자		NEON (2020.01 소개)	실제 인간과 유사한 외모와 표정을 가진 AI 아바타로, 고객 서비스에 활용될 계획.
	LG전자		'래아(김래아)' (2020.05 등장)	LG전자의 가상인간 홍보대사로, 인플루언서 및 뮤지션으로 활동
	에이아이파크		AI 아나운서 '제이나' (2024.3 런칭)	제주도청의 AI 아나운서로, 제주 방언으로 뉴스 전달
미국	IKEA		Anna (2005-2015)	현재는 운영되지 않지만, 초기 AI 쇼핑 도우미 사례로 중요한 의미
	네슬레		가상 도우미 Ruth (2021.2런칭)	네슬레 톨하우스는 'Ruth'라는 이름의 가상 쿠키 코치를 도입. Ruth는 사용자들이 완벽한 쿠키를 만들 수 있도록 안내하고 질문에 답변
	AI Wellness		건강 관리를 위한 가상 컨설턴트 (2025.01)	AI 기반 디지털 아바타를 통해 개인화된 학습과 건강 관리
인도	Maruti Suzuki		DaveAI - AI플랫폼 (2022.06)	AI 플랫폼 DaveAI의 기술을 활용하여 웹사이트의 모든 브랜드 페이지에 AI 기반 가상 판매 아바타를 도입.
일본	SMBC		AVA(2024.07) COM	기업 전용 콜센터에서 실제 상담원의 외모를 아바타로 변환한 AI 서비스

또 다른 예로 세계적인 신발 브랜드 팀버랜드(Timberland)는 게임 플랫폼인 포트나이트(Fortnite)와 협력하여 메타버스 프로젝트를 선보였다. 포트나이트는 에픽 게임즈에서 개발하여 2017년에 출시한 온라인 비디오 게임 및 게임 플랫폼이다. 이 프로젝트에서 아바타는 게임 내에서 브랜드를 알리고 사용자와의 상호작용을 높이는 마케팅 도구로 사용된다. 그림 14와 같이 메타버스 공간에서 게임 챌린지를 완료하고 , 토큰을 획득하고, 가상 시장을 방문하고, 디지털 자산을 구매할 수 있다.

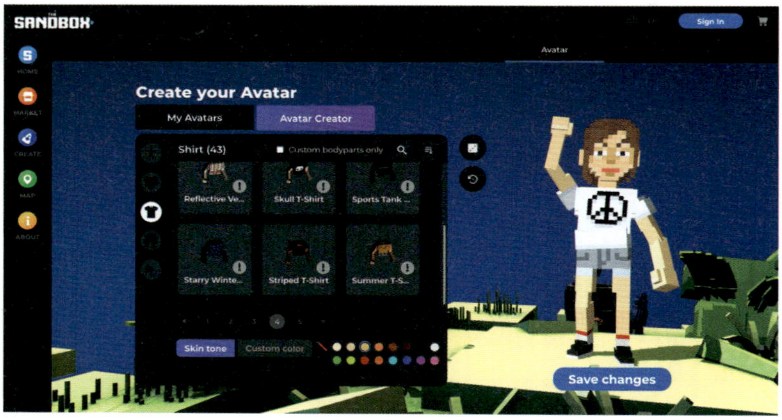

그림 13. 샌드박스 아바타 크리에이터(sandbox avatar creator)(출처: https://dappradar.com[13)])

그림 14. 포트나이트(Fortnite)와 팀버랜드(Timberland)협력 사례(출처: https://www.marketingdive.com[14)])

3-2 아바타 표현

1 아바타 제작 동향

아바타 디자인은 미적 매력, 사용자 상호 작용, 기술 발전을 아우르는 다면적 프로세스이다. 효과적인 아바타 디자인은 사용자 경험을 향상시킬 뿐만 아니라 가상 환경에서 구매 의도에도 영향을 미친다. 이러한 이유로 여러 기업들은 자사의 서비스에 적합한 아바타를 개발하게 되었고 사용자는 각기 다른 메타버스 서비스를 이용할 때마다 자신을 대변할 아바타를 반복적으로 생성해야 할 뿐 아니라 메타버스 내 재화에 대해서도 중복 투자를 해야 하는 부담을 가지게 되었다.

이러한 문제를 해결하고자 2022년 6월에 여러 메타버스 플랫폼 기업들은 메타버스 표준 포럼(Metaverse Standards Forum)을 개최하여, 상호 운용이 가능한 표준을 개발하여 향후 서로 다른 메타버스 플랫폼 간 서비스 연동과 생태계를 확장 하는데 연대하기로 하였다. 이러한 현상을 따라 여러 플랫폼에서 상호 운용이 가능한 다양한 아바타제작 서비스가 등장하게 되었고 그 대표적인 예가 '레디플레이어미'이다. 이 서비스는 게임과 메타버스에 접목이 가능한 아바타 플랫폼으로, 누구나 쉽게 본인의 아바타를 만들어 여러 메타버스 공간에서 활용할 수 있다. 그동안 상반신 아바타만 제공하던 글로벌 메타버스 플랫폼인 '스페이셜(spatial)'도 레디플레이어미와 파트너십을 맺어 2022년 5월 부터 전신아바타와 커스터마이징 기능을 제공하고 있다.

이후 2024년 7월 발표된 리서치앤마켓(ResearchAndMarkets)의 보고서 '디지털 아바타의 트렌드와 혁신에 관한 마켓연구(Market Study - Trends and Innovations in Digital Avatars)'에 따르면, 생성형 AI가 아바타 생성 및 사용자 맞춤화 과정에서 점점 더 널리 활용되면서 레디플레이어미는 프롬프트 창에서 사용자가 "무지개 패턴"과 같은 간단한 문구를 입력하면 아바타의 의상은 물론, 나아가 얼굴과 신체 구조까지 사용자 맞춤화 할 수 있도록 지원한다.

또한 레디플레이어미에서 개발한 차세대 아바타 플랫폼인, PlayerZero는 사용자들에게 디지털 수집품을 통해 아바타를 커스터마이즈하고 발전시킬 수 있는 기회를 제공함으로써, 가상 세계에서의 디지털 정체성을 강화하고, 다양한 플랫폼에서의 일관된 경험을 지원한다. 레디플레이어미의 기술을 기반으로 구축되어, 4,000명 이상의 개발자와 협력하여 매월 1,000만 개 이상의 아바타를 게임과 앱에 제공하고 있다. 이를 통해 PlayerZero는 폐쇄적인 생태계의 장벽을 허물고, 플랫폼 간의 원활한 상호 운용성을 제공하여 사용자들이 다양한 가상 환경에서 일관된 디지털 정체성을 유지할 수 있다.

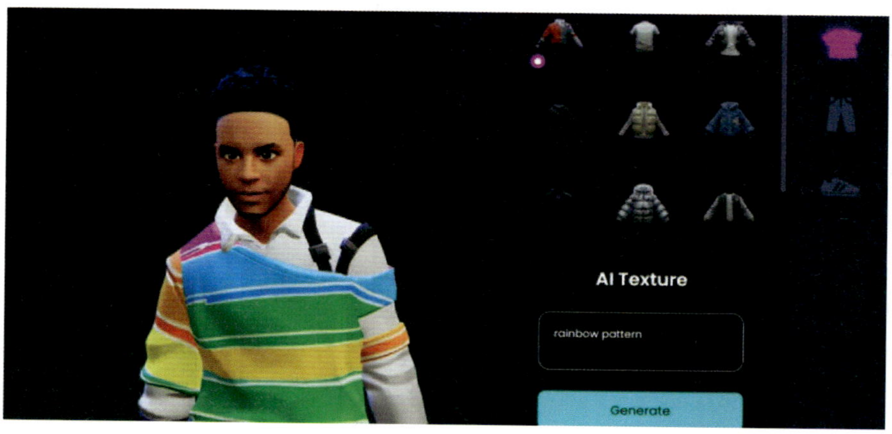

그림 15. 생성형AI 활용한 의상 제작 사례 – 레디플레이어미[15)]

로블록스(roblox)는 2024년 3월 18일 미국 샌프란시스코에서 열린 게임 개발자 컨퍼런스(GDC 2024)에서 AI 기반의 3D 콘텐츠 제작 효율화 기술을 발표했다. 공개된 주요 기술로는 아바타 자동 설정(Avatar Auto Setup)과 텍스처 생성기(Texture Generator)가 있다.

아바타 자동 설정 기술은 3D 신체 메시(mesh - 3D 아바타를 구성하는 기본적인 구조적 요소)를 사용자가 바로 적용할 수 있도록 지원하며, 애니메이션이 적용된 아바타로 자동 변환하여 아바타 제작 과정을 대폭 간소화한다. 이 기술은 클릭 몇 번으로 3D 모델의 리그(Rig - 3D 모델에 움직임을 부여하기 위한 디지털 뼈대 시스템을 만드는 과정), 케이지(Cage - 3D

모델을 감싸는 저해상도의 다각형 메시(polygonal mesh) 구조), 세그먼트(Segment - 기본 구성 단위이며, 하나의 완성된 모델은 여러 세그먼트로 구성), 스킨(Skin - 3D 모델의 표면을 뼈대(skeleton)에 연결하는 역할) 과정을 자동으로 수행함으로써, 수작업에 소요되는 시간을 획기적으로 절감하는 데 기여한다.

또한, 텍스처 생성기는 텍스트 프롬프트를 활용하여 3D 객체의 텍스처를 자동으로 생성할 수 있는 기술로, 사용자가 요청한 객체의 특징을 고려한 맞춤형 텍스처를 신속하게 제공한다. 예컨대, 3D 나무 보물 상자의 텍스처 생성을 요청할 경우, 나무판자와 자물쇠 등의 디테일이 포함된 텍스처를 자동으로 생성하여 제작 과정을 최적화한다.

표 15. 로블록스의 AI 기반 3D 콘텐츠 제작 효율화 기술(출처: 로블록스 'GDC 2024')

자동 움직임 생성 예시	텍스처 생성기 예시
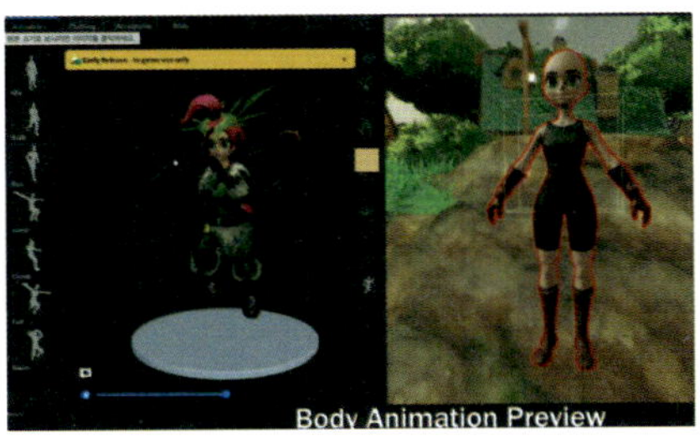	

아바타의 텍스트와 음성 출력도 생성형 AI를 사용하여 합성할 수 있다. 즉, 고객 입력을 기반으로 가장 적합한 응답을 예측하고, 자연스러운 방식으로 응답을 표현하기 위해 인간과 비슷한 음성을 생성할 수 있다.

2 아바타 유형 분류

멀티미디어 커뮤니티에서 아바타를 선택하는 사람들의 심리를 연구한 미국의 심리학자 슐러(Suler, 1999)는 사용자가 활동하는 공간과 아바타 유형을 연관 지어 분류하였다. 그는 아바타를 다양한 유형으로 나누었는데, 이는 동물형, 만화형, 유명인형, 악마형, 사실형, 개성형, 파워형, 위치기반형, 매혹형 및 기타 등 9가지로 구분되었다. 이후 여러 연구에서 슐러의 분류방식을 참고하였다.

정희진, 엄기서(2001)는 아바타를 사실형과 과장형으로 나누고 이를 다시 주제별로 분석하여 인간형, 상상형, 동물형의 3가지 형태로 도출하였고 이 아바타들을 서로 결합하여 새로운 형태의 아바타를 만들 수 있다고 설명했다. 예를 들어, 그림 16에서 보듯이 상상형과 인간 형태가 결합된 사이보그 아바타, 인간 형태와 동물 형태가 결합된 반인반수 아바타 등이 그 예이다. 사용자들은 새로운 아바타를 만들 때 71%가 인간형 아바타를 선호하는 것으로 나타났으며, 그 다음으로는 상상형 아바타가 17%, 동물형 아바타가 12%로 조사되었다.

그림 16. 아바타 유형

신홍주 외 3인(2022)은 선행연구와 다양한 메타버스 플랫폼에서 활용되는 아바타를 비교 · 분석하여, 다양한 플랫폼에 적용할 수 있는 메타버스 아바타의 형태적 특성을 사실적 · 비현실적 · 이상적 이미지로 분류하였다. 표 6은 아바타 유형과 사례 이미지를 정리한 것이다.

표 6. 아바타 유형 분류

Suler (1999)	사악한형, 실제얼굴형, 위치와 관련된형, 유명인형	동물형, 특이한형	만화형, 파워형, 매혹형
정희진, 엄기서 (2001)	인간형	동물형	상상형
신홍주 외 3인 (2022)	사실적	비현실적	이상적
	주로 사진을 이용하며 현실 사용자와 유사하게 가상공간에서도 평소 스타일대로 표현	현실에서는 불가능한 이미지로 꾸미거나 사람의 형태에서 벗어난 모습으로 표현	사람의 모습을 하고 있으나 현실에서는 실현하기 어려운 모습으로 대담하게 표현
사례 이미지	 (출처:Facebook)	 (출처:helsinkixrcenter)	 (출처:vrchat)
	Workroom	Altspace(서비스 중단)	VRChat

3 아바타 구성 요소

(1) 얼굴

① 언캐니밸리(Uncanny valley)

소셜 VR 및 관련 분야의 심리학자와 실무자들은 인간에 대해서 인공적으로 표현될 때 인간이 느끼는 편안함을 이해하는데 있어서 아주 높은 관심을 가져왔다. 사용자들은 만화 스타일의 캐릭터보다 사실적으로 구현된 아바타를 더 선호하는 경향이 있으며, 사실성이 클수록 친밀감, 즐거움, 그리고 사용 의도가 상승하는 것으로 관찰되었다(신형호 & 김희현, 2013).

그러나 사실성이 지나치게 높아지면 만화형 아바타 보다 불쾌감과 두려움이 증가되는 것으로 나타났다. 이러한 현상을 불쾌한 골짜기(uncanny valley)라고 부르는데 일본의 로봇공학자 모리 마사히로가 1970년에 제시한 이론이다. 로봇이나 인공물이 인간과 유사해질수록 친밀감이 증가하다가 어느 순간 급격한 거부감으로 바뀌면서 기묘하거나 이상하게 친숙한 불안과 혐오감을 유발한다(wikipedia).

그림 17과 같이 X축은 인간과 유사성을 나타내고 Y축은 감정적 반응을 나타낸다. 인

간과 유사성이 높아질수록 인간 관찰자의 호감도가 점차 올라가면서 어느 수준에 이르러서는 호감도가 떨어지는데 그 지점이 불쾌한 골짜기 uncanny valley인 것이다. 그 후에 인간과 구별 할 수 없을 정도로 흡사해지면 다시 호감도가 증가하는 것을 보여준다(Mori, 1970).

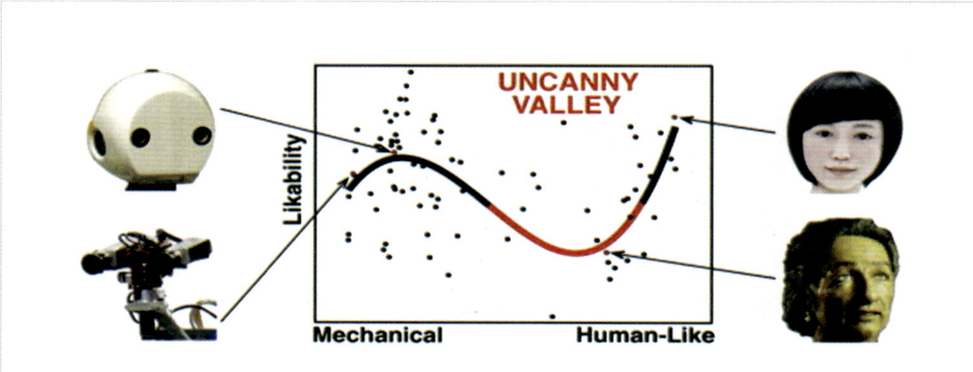

그림 17. 언캐니벨리 그래프(출처: Mathur, M.B. and Reichling, D.B., 2016.[17])

이러한 현상은 다음과 같이 설명된다. 인간과 닮지 않은 개체에서 인간과 비슷한 특성이 두드러지면, 이러한 인간적인 특성들이 호감도를 증가시키는 경향이 있다. 반대로 인간과 매우 유사한 개체는 인간과 닮지 않은 특성들이 쉽게 드러나게 되어 인간의 입장에서는 오히려 '이상하다'고 느끼게 된다.

언캐니밸리 이론에서 확장된 신민철 외 2인(Shin M et al., 2019)의 연구에서는 각각 다른 표현 방식에 동일한 얼굴 표정을 가지도록 디자인된 실험 샘플을 가지고 첫인상에서 받아들이는 정보의 양과 호감도에 대한 연구를 실시하였다. 실험에서 참가자들은 페이스북의 가상 소셜 네트워킹 서비스(VR 공간)에서, 특정 아바타를 본 뒤 이에 대한 생각과 감정을 작성했다. 결과적으로, 초현실적이고 움직이는 아바타는 만화적이고 정지된 아바타보다 더 큰 섬뜩함을 유발하는 것으로 나타났다. 이로 인해 정보 회피가 발생하여 사람들이 초현실적인 아바타에서 제공하는 유효한 단서를 활용하지 못하고, 그 결과 성격을 판단하는데 있어서 정확성이 감소할 수 있음을 확인하였다.

정나리 외 2인(2022)의 연구에서는 연예인 및 일반인 사진을 기반으로 제작된 만화 이미지에서 눈 크기를 조절하여 언캐니밸리 현상의 강도를 측정하였다. 그 결과, 이미지 표현 방식과 상관없이 연예인 얼굴이 일반인 얼굴에 비해 모두 강한 언캐니밸리 현상이 나타났다. 이는 친숙한 얼굴일수록 더 강한 얼굴 표상이 형성되어 변화에 민감하다는 기존 연구와 일치한다. 또한, 사진 자극에서는 비전형성이 높아질수록 언캐니밸리 현상이 강해졌지만, 만화 이미지에서는 비전형성의 영향이 나타나지 않았다. 이는 만화에서 과장된 얼굴 특징에 익숙해진 사용자들이 허용할 수 있는 비전형성 정도가 크기 때문으로 해석된다.

② 편안함을 느끼는 아바타 이미지

가상 공간에서 기업을 대표하는 다수의 AI아바타가 등장하고 아바타를 활용한 소셜 활동도 증가하면서, 상대방에게 긍정적인 인상을 주는 아바타 얼굴 표현이 중요해지고 있다. 이러한 변화는 디지털 상호작용에서 개인의 이미지와 정체성을 형성하고 사회적 상호작용과 네트워킹에 있어 중요한 요소로 자리 잡고 있다.

- 사용목적에 따라 선호하는 아바타 이미지
  아바타는 앞서 언급했던 것과 같이 다양한 유형의 이미지들로 설정할 수 있다. 하지만 그러한 설정이 상대방에게 어떠한 인상을 주는지는 대화목적에 따라 다를 것이다. 강민정(2018)의 연구에 따르면 AI챗봇 아바타의 경우 재미를 목적으로 할 때는 남성은 여성의 이미지를 여성은 중성적 이미지를 선호하는 것으로 나타났다. 심리 상담을 위한 경우에는 남녀 모두 여성과 동물 이미지를 선호하는 것으로 밝혀졌는데 이는 이성적이고 차가운 이미지 보다 부드럽고 따뜻한 여성스러운 이미지를 기대하는 것으로 보인다. 이미지 표현에 있어서는 상담을 목적으로 하는 경우에는 사진과 같은 사실적 아바타를 선호하는 것으로 나타났다.

- 관계에 따라 다른 아바타 이미지 선호도
  강민정(2025)의 최근 연구에 따르면 친목을 목적으로 하는 가상공간에서는 관계에 따라 선호하는 상대 아바타 이미지가 다르다. 처음 만나는 관계에서는 사실적 이미지를 선호하는 반면 사제지간과 같은 수직적 관계에서는 동물 이미지와 같은 친근하고 편안한 비현실적 이미지를 선호하는 것으로 나타났다. 친구와 같은 수평적 관계에서도 사실적 이미지를 가장 선호하지만 만화적 이미지도 다른 관계에 비해서 상대적으로 높게 나타났다. 처음 만나는 관계에서는 신뢰성이 중요하기 때문에 실제 모습을 선호하는 것으로 보이고 수직적 관계에서는 긴장도를 낮출 수 있는 이미지를 선호하는 것으로 보인다. 이러한 선호도 차이는 소셜VR서비스에서 상대방에 따라 적절한 아바타를 추천해주거나 쉽게 변경할 수 있는 UI를 디자인 하는데 참고할 수 있을 것이다.

• 약간큰머리

가상 현실(VR)에서 "Big Head" 기술은, 그림 18에서 보듯이 아바타의 머리 크기를 약간 키워 디스플레이의 시각적 공간을 더 활용함으로써 얼굴의 사회적 신호를 강화한다(Choudhary et al., 2020). 큰 머리 척도는 사용자들의 인간 인식에 영향을 미치는데. 특히, 큰 머리 사이즈가 적용된 경우 사용자들이 아바타를 더 유쾌하고 친근하게 인식하는 경향을 보였으며 또한 자신의 아바타와의 동일성을 더 강조하는 경향을 나타냈다. 반면에 편안함 측면에서는 일부 사용자들에게는 큰 머리 사이즈가 현실과의 일관성을 해치는 것으로 느껴졌다. 따라서 가상인물의 머리 크기를 적절하게 조절해야 현실적인 경험과 사회적 상호작용을 강화 시키는데 도움이 될 수 있다.

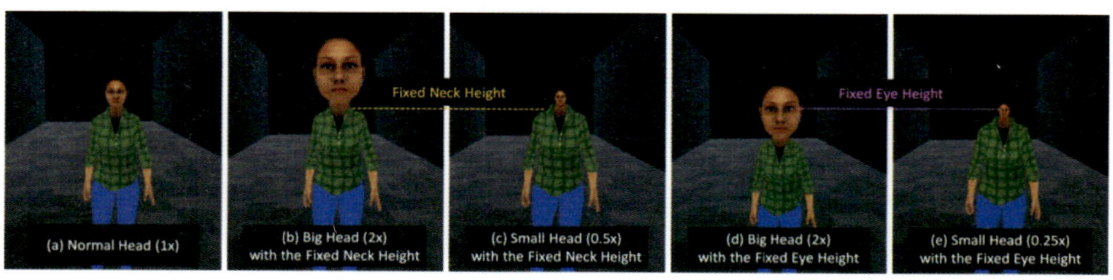

그림 18. 큰머리 실험 자극물(출처: Choudhary Z 외 4인, 2020[18])

• 살짝 옆으로 넓은 얼굴

사실적이지 않은 인공지능 아바타를 디자인할 때 호감을 주는 얼굴에 대한 정보를 파악하기 위해 그와 유사한 로봇 얼굴에 대한 연구를 살펴보았다.

디살브 외 3인(DiSalve et al. 2002)은 로봇의 얼굴 디자인을 위해 편안함을 느끼게 해주는 얼굴에 대한 연구를 하였다. 휴머노이드 로봇의 머리 비율과 관련하여 이 연구팀은 사실적인 인간의 머리보다 더 넓은 머리와 더 넓은 눈 간격을 가진 덜 사실적인 머리에 더 편안함을 느낀다는 사실을 발견했다.

이 실험을 설계를 위해 주요 파트를 그림 19와 같이 구분하여 실험을 진행하였다.

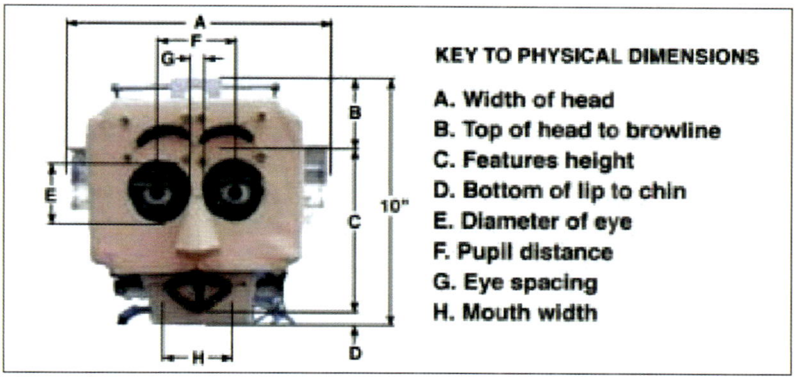

그림 19. 비교 물리적 측정에 관한 다이어그램(출처: DiSalvo, 2002[19])

편안함을 주는 로봇 얼굴 이미지에 대한 연구 결과 다음과 같이 도출되었다.

1. **넓은 머리와 넓은 두 눈** : 로봇 다움을 지키기 위해서 머리는 살짝 넓고 눈 공간은 눈의 지름 보다 살짝 넓어야 한다.
2. **얼굴을 지배하는 특징들** : 앞 이마, 머리, 턱에는 인간에 비해서 비례적으로 적은 공간이 주어져야 한다. 로봇처럼 머리의 형태는 분명하게 나타날 것이다.
3. **눈에서 복잡성과 디테일** : 인간의 눈들은 복잡하기 때문에 인간다움을 가지기 위해서는 로봇의 눈들은 표면적으로 눈의 형태, 눈동자, 동공 같은 디테일을 포함해야 한다.
4. **4가지 이상의 특징들**: 코, 입, 눈꺼플의 존재는 인간다움을 인지하는데 공헌을 하기 때문에 이러한 특징들은 머리에 포함되어야 한다.
5. **피부**: 로봇이 완성된 제품으로 보이기 위해서는 피부나 케이스등이 필수이다.
6. **인간다운 형태** : 제품 형태의 스타일화 된 외관은 인터랙션에 있어서 중요하다. 따라서 머리의 형태는 이마, 뒤통수, 볼 영역에 있어서 복잡한 커브를 가진 유기적인 형태여야 한다.

다음 이미지는 연구 결과를 반영하여 제안된 로봇의 형태이다.

이러한 호감형 로봇의 특징은 가상 공간의 아바타를 바라볼 때도 유사하게 느낄 수 있기 때문에 앞서 밝힌 원칙들이 적용된 기존 아바타 사례들을 찾아 아래 표 7에서 위에서 밝힌 조건을 매치해보았다.

그림 20. 호감형 조건이 반영된 로봇(출처: DiSalvo, 2002[20])

표 7. 호감형 아바타 조건 및 사례

<table>
<tr><td colspan="3">호감형 아바타 얼굴 원칙
1. 살짝 큰 머리
2. 살짝 옆으로 넓은 머리
3. 눈의 지름 보다 살짝 넓은 눈 공간
4. 앞 이마, 머리, 턱에는 인간에 비해서 비례적으로 좁은 공간</td></tr>
<tr><td>
제페토 아바타</td><td>
모여라 동물의 숲 아바타</td><td>
iOS Memoji</td></tr>
</table>

③ 감정표현

인간의 감정은 기본 감정과 주변 감정으로 나뉘는데 폴 에크먼(Paul Ekman, 2003, 58)은 인간의 기본 감정을 그림 21과 같이 놀람, 두려움, 혐오, 분노, 행복, 슬픔의 6가지로 구분하였다. 이러한 6가지 감정들은 얼굴 표정으로 나타낼 수 있고 또한 판단할 수 있다. 얼굴 표정 외에도 감정 전달을 위한 비언어적 수단으로 신체 표현, 목소리 톤도 있지만 그 중에서도 표정은 대인 관계와 사회적 상호작용에 필수적이다. 시각적 단서를

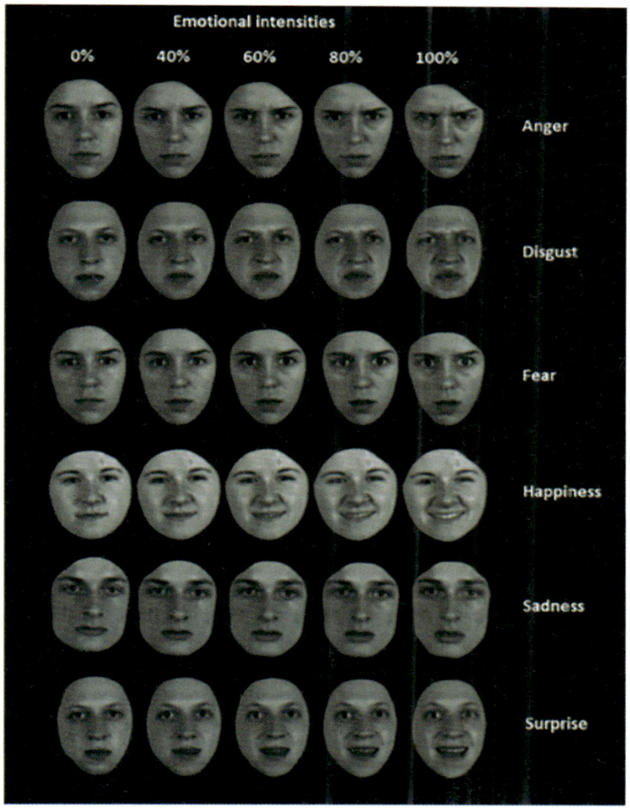

그림 21. 감정에 따른 얼굴 표정(출처: Jiskoot, L.C.외 8인, 2021[21])

통해 말로 쉽게 표현하기 어려운 생각과 감정을 전달하는 수단을 제공하기 때문이다. 아바타의 경우에는 비교적 제한된 시각적 특성을 가지며, 현실적인 얼굴의 다양한 표현과 감정을 완벽하게 재현하기 어려운 경우가 있기 때문에 성격을 판별하는데 한계가 있다(Wang et al, 2013). 따라서 풍부한 사회적 상호작용을 제공하기 위해서는 이러한 표정을 어떤 방식으로 든 충실히 표현하는 것이 절대적으로 중요하다.

2024년 2월에 애플에서 출시한 Vision Pro VR 헤드셋에서는 그림 22에서 보듯이 얼굴을 스캔하여 화상 통화 중에 표시되는 디지털 "페르소나"를 만들 수 있다. 사용자는 헤드셋을 얼굴 앞에 대면 장치가 "고급 인코더-디코더 신경망"으로 헤드셋이 얼굴을 스캔할 수 있도록 하여 초현실적인 아바타를 만들고 해당 헤드셋을 사용하는 동안 FaceTime을 이용할 때 얼굴과 손 움직임을 추적할 수 있다.

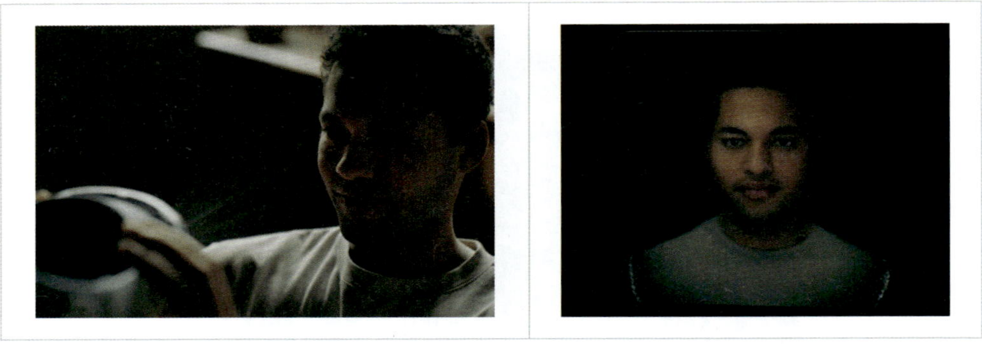

그림 22. 표정 표현이 가능한 애플 비전 프로(Apple Vision Pro)(출처: YouTube apple채널[22])

④ 인상표현

사용자들은 메타버스 아바타를 페이스북 프로필이나 개인 웹사이트와 같이 개인 소유물로 간주하는 성향이 있다. 이러한 사용자들의 성향을 고려하여 벨리슬과 보두르(Bélisle, Bodur, 2010)의 연구에서 관찰자들은 아바타의 매력도, 성별, 헤어스타일 등의 단서를 통해 아바타 소유자의 성격에 대한 정확한 인상을 형성할 수 있었다. 이러한 결과는 기업들이 가상 세계로 영역을 확장할 때 회원의 아바타를 통해 회원의 성격과 라이프스타일을 추정하여 마케팅에 이용할 수 있다. 예를 들어, 모험적인 휴가에 중점을 두는 여행사는 보다 외향적이고 경험에 개방적인 성격을 지닌 아바타를 사용함으로써 소비자에게 해당 여행사가 모험적이며 새로운 경험을 추구하는 인상을 줄 수 있다. 이는 잠재 고객이 그 여행사와의 연결을 더욱 강하게 느끼도록 하여 관심을 유도하고 신뢰를 구축할 수 있다. 반면, 제약 제조업체에 있어서는 성실하고 신뢰성 있는 이미지를 중요시할 수 있기 때문에 전문적이고 신중한 디자인의 아바타를 통해 제약 제조업체가 고품질의 제품을 제공한다는 인상을 소비자에게 줄 수 있다. 관련된 사례로 Ikea 고객 서비스 상담원인 Anna가 있다. Ikea는 소비자 세그먼트에 따라 상담원 아바타 Anna를 미국 웹 사이트에서는 갈색 머리 아바타로 표현한 반면 영국 웹 사이트에서는 금발 아바타로 표현하였다. 이러한 사례들은 기업이 가상 세계에서 아바타를 활용할 때, 해당 시장의 문화적 특성을 고려하여 아바타의 외형을 조정함으로써 소비자와의 정서적 유대감을 강화할 수 있음을 시사한다.

(2) 신체

가상 현실(VR) 시스템에서 아바타는 HMD(머리 장착 디스플레이)를 통해 1인칭 또는 3인칭 시점에서 보이며 사용자에게 동기화된 시각 운동 피드백을 제공한다. 그림 23에서와 같이 가상현실에서 눈으로 보는 정보(시각적 입력)와 몸에서 느껴지는 정보(체성 감각 정보: somatosensory information)가 서로 일치하고, 가상의 몸과 사용자의 실제 움직임이 동기화되면, 사용자는 그 가상의 몸이 자신의 진짜 몸처럼 느껴지기 시작한다. 이는 사용자가 가상현실에 더 몰입하고 현실처럼 느끼는 데 큰 역할을 한다(Amemiya, 2022).

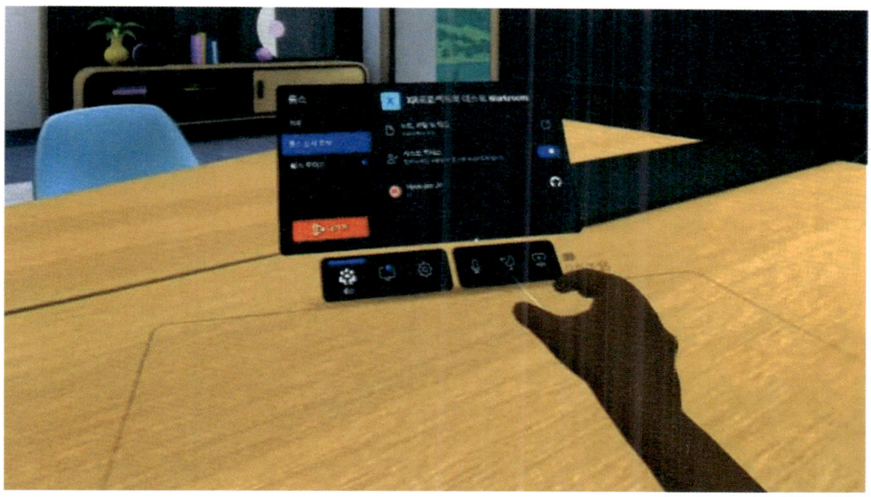

그림 23. Workroom 아바타의 조작하는 손[23)]

① 체현감(sense of embodiment)

체현감(sense of embodiment)은 체화 된 현존감(presence)의 줄인 말로 가상현실(VR), 또는 증강현실(AR)환경에서 사용자가 느끼는 실재감과 몰입감을 의미한다. 현존감은 실제 환경에 존재하지 않음에도 마치 그 장소에 자신이 존재하고 있는 듯한 심리적 경험을 의미한다(박성준 외 3인, 2018).

이러한 체현감은 표 8과 같이 ① 신체소유권(Body-ownership), ② 주체성(Sense of Agency: SoA), ③ 자기위치감(Self-location)의 세 가지 구성요소로 이루어져 있다(Kilteno et. al., 2012). 그 중 신체에 대한 소유권(Body Ownership)과 주체성(Sense of Agency)은 우리가 의

식적으로 신체를 경험하는 방식에 가장 근본적으로 영향을 미치는 두 가지 감각이다. ① 신체 소유권은 인공 신체 또는 신체 일부를 자신의 것으로 느끼는 것을 말하며 ② 주체성은 신체를 시작하고 통제하는 경험을 의미한다(Amemiya, 2022).

표 8. 체현감의 구성 요소

특성	① 신체소유권 (Body-ownership)	② 주체성 (Sense of Agency)	③ 자기위치감 (Self-location)
정의	신체 부위나 전체 신체가 자신의 것이라고 느끼는 감각	자신의 행동을 시작하고 제어한다고 느끼는 경험	자신의 신체가 공간 내에서 위치하고 있다고 느끼는 감각
주요 특징	- 신체에 대한 소유감 - 신체 경계에 대한 인식	- 행동의 의도와 결과 간 연관성 인식 - 자발적 행동 제어 능력	- 환경 내 자신의 위치 인식 - 주변 공간과의 관계 이해
가상현실에서의 중요성	아바타와의 일체감, 현존감(Presence) 증대	상호작용 품질 향상, 사용자 제어감 증대	몰입감 향상, 공간 내비게이션

연구에 따르면, 신체 소유감은 1인칭 시점에서 아바타를 볼 수 있고, 시각-촉각 자극이 동기화될 때 강화된다(Matsuda et al., 2021). 행위 주체성은 사용자의 실제 움직임과 아바타의 움직임이 일치하며, 사용자가 아바타를 자유롭게 제어할 수 있을 때 더욱 뚜렷하게 느껴진다(Kim et al., 2025). 자기 위치감은 가상공간에서 사용자가 아바타와 동일한 공간에 있다고 인식해야 하며, 시점이 아바타의 눈 위치와 일치할 때 더욱 강화된다(Wolf et al., 2022).

이러한 체현감은 사용자의 특성과 유사할수록 증가하지만 성별, 인종, 나이 등이 다른 아바타에서도 가능하다(DeVeaux et al., 2023). 특히, 가상 거울을 통해 아바타를 볼 수 있도록 하면 체현감 향상에 도움이 된다(Inoue & Kitazaki, 2021).

실제로 VRchat에는 미러 드웰러(Mirror dweller)라는 용어가 존재하며 이는 거울 앞에서 오랜 시간을 보내는 사용자들 지칭한다. VRChat 내에서 거울은 단순한 반사 도구를 넘어 사용자들이 자신의 아바타를 탐구하고, 사회적 상호작용을 촉진하는 중요한 요소로 작용하고 있다(Thibault & Bujic, 2022).

그림 24. VRChat에서 거울을 통한 체현감 (출처: The VR Dance Academy[24])

② 아바타 신체 표현 수준

가상 현실(VR)은 물리적으로 떨어져 있는 여러 사용자가 몰입형 가상 환경(IVE)에서 협업할 수 있는 엄청난 잠재력을 가지고 있다. 그러나 여기서 중요한 문제는 아바타의 외모가 커뮤니케이션과 상호작용에 어떤 영향을 미치는가 하는 점이다. 이에 대해 독일 함부르크 대학 연구팀(Heidicker et. al, 2017)은 소셜 VR에서 아바타의 외형이 현존감(presence)에 미치는 영향을 두 가지 주요 측면에서 연구하였다.

1. **첫째, 아바타의 신체 표현 수준**으로, 이는 전신 아바타와 일부 신체 부위만 표현된 아바타를 비교하는 것이었다.
2. **둘째, 사용자 움직임과 아바타 움직임 간의 매핑 방식**으로, 1:1 실시간 매핑과 미리 정의된 애니메이션을 활용한 방식을 비교하였다.

이를 검증하기 위해 아래 표와 같이 세 가지 유형의 아바타를 설정하여 실험을 진행하였다.

표 9. 아바타 신체 표현과 움직임 매핑 방식에 따른 실험 자극물

머리와 손(Facebook social VR)	상반신 (Altspace VR)	전신 (High Fidelity)
사용자의 움직임에 따른 일대일 맵핑	미리 정의된 아이들(idle) 애니메이션	사용자의 움직임에 따른 일대일 맵핑

연구 결과, 사용자의 움직임에 실시간으로 매핑 된 완전하게 표현된 아바타 몸체는 가장 높은 공존감(co-presence)과 행동적 상호의존성을 유발하는 것으로 나타났다. 움직임에 일대일 매핑 된, 머리와 손만으로 구성된 아바타도 유의미하게 성능이 저하되지 않았으며, 심지어 미리 정의된 애니메이션을 사용하는 전신 아바타보다 더 나은 결과를 보이는 경우도 확인되었다. 이는 소셜 VR 환경에서 반드시 전신 아바타가 필요하지 않을 수 있으며 실시간 움직임 매핑의 정확도가 보다 중요한 요인으로 작용할 수 있음을 보여준다.

③ 아바타 신체 크기에 따른 행동 변화

몰입형 가상현실에서 아바타의 물리적 특성이 쉽게 조작될 수 있기 때문에, 아바타의 변화가 상호작용에 어떤 영향을 미치는지에 대한 연구가 진행되어 왔다. 여러 연구에서 사용자는 자신에게 주어진 아바타의 크기에 적응하며, 그 크기에 영향을 받아 행동한다는 사실이 밝혀져 있다.

예를 들어, 가상 손의 크기가 변할 때 사용자들이 어떤 것을 잡을 수 있는지에 대한 지각을 조정하고(Linkenauger et. al., 2013) 또한 가상 발의 크기에 따라 갈수 있는 곳을 인식한다는 것도 밝혀졌다(Jun et. al., 2015). 키가 큰 아바타를 사용하면 더 자신감 있게 행동하는 등 자기 자신의 인식이 변경되었다(Yee et al., 2009).

또한 모션 캡처 환경에서 서로 다른 크기의 캐릭터를 연기하는 배우를 위해, VR을 활용하면 배우가 캐릭터의 크기와 공간적 제한을 직관적으로 이해할 수 있게 되어 자연스럽게 표현할 수 있다. 예를 들어, 큰 캐릭터를 연기할 때 더 느린 동작을, 작은 캐릭터

를 연기할 때 더 빠르고 세밀한 동작을 표현하는 데 VR 피드백이 효과적이었다 (Kammerlander et. al., 2021).

④ 아바타 표현에 따른 공간인식

윌콕스 외 3인(Wilcox et al. 2006)의 연구에서는 가상 현실에서 다른 사람이 너무 가까이 다가오는 장면에 사람들이 예민하게 반응하는 걸 발견하였다. 이러한 현상은 에드워드 홀(Edward Hall, 1966)의 이론을 통해 설명할 수 있다. 그의 이론에 따르면 대인 공간(IPS: interpersonal space)은 사람들 사이에서 감정적으로 중요한 거리로, 이 거리가 침범되면 불편함을 느끼기 쉬우며, 이 대인 공간의 크기는 나이, 성별, 인종, 성격 같은 상대방의 특성에 따라 달라질 수 있다.

가상현실에 아바타를 중심으로 한 공간개념은 주변 공간과 개인공간이 있으며 각각에 대한 개념은 표 10과 같다. 그림 25는 두 가지 공간 개념을 이해하기 쉽게 시각화한 것이다.

표 10. 가상공간에서 아바타 공간

구분	기준	특징
주변 공간 (Periperonal space)	신체와 물리적 상호작용 범위	신체 중심의 물리적 공간으로, 도달 가능한 범위를 포함하며, 가상 물체와의 상호작용에 중요.
개인 공간 (Personal space)	사람 간 거리	사회적 상호작용의 심리적 거리로, 타인이 가까워질 때 불편함을 느낄 수 있음.

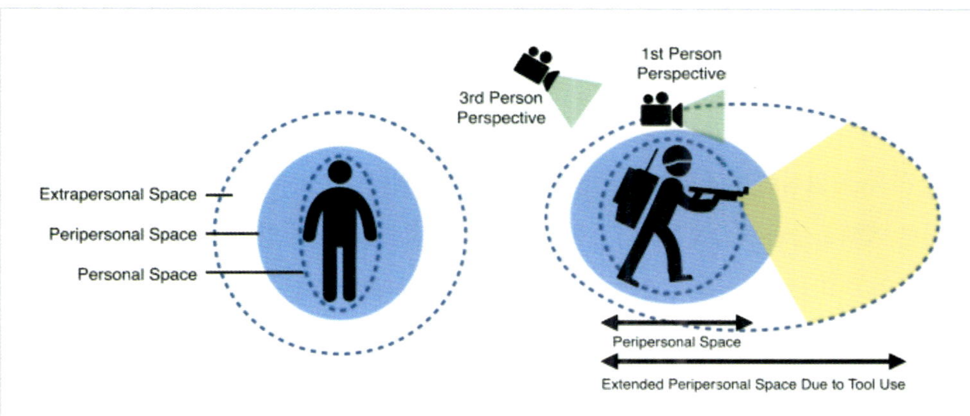

그림 25. 아바타의 개인공간 및 주변 공간(출처: Lee, J. et al., 2016[25])

• 주변 공간(peripersonal space)

자코모 리촐라티(Giacomo Rizzolatti 1997)와 동료 연구자들이 정의한 주변 공간(peripersonal space)은 몸 주변의 안전 구역이라고 볼 수 있으며, 이 공간에 들어오는 위협적인 것들에 반응하거나 몸을 보호하는 역할을 한다. 현실에서는, 도구를 사용할 때 이 공간이 더 넓어지기도 하고, 다른 사람과 상호작용할 때는 이 공간이 좁아지기도 한다(Noel et al., 2018).

• 개인 공간(personal space)

개인 공간(personal space)은 우리 주변의 즉각적인 공간으로, 다른 사람과의 물리적 상호작용이 가능한 공간이다. 몰입형 가상 환경에서 사용자의 몸의 표현과 아바타의 크기(특히 팔 길이)가 개인 공간 판단에 미치는 영향 연구(Buck, 2022)에서 팔이 긴 아바타를 체현 할 때 사용자의 개인공간이 확장되고 반대로 짧은 아바타를 체현 할 때는 공간이 축소되는 경향을 발견 하였다. 이는 가상 환경에서 아바타의 신체 치수와 사용자와의 동일시 정도가 개인 공간 인식에 영향을 미친다는 것을 보여준다.

(3) 목소리

① 소리의 역할

사운드는 VR 대화의 몰입도를 높이는 또 다른 핵심 요소이다. 사용자의 위치와 머리 움직임에 따라 소리의 방향과 강도가 달라지는 공간 오디오는 현장감을 크게 향상시킬 수 있다.

예를 들어, 아바타가 있는 방향에서 목소리가 들리면 대화의 현장감을 더욱 높일 수 있다. 그러나 아바타의 소리보다 더 중요한 요소는 일상적인 백색소음이다. 어시스턴트가 서류를 뒤적이는 소리, 사람들이 밖에서 발을 질질 끄는 소리, 전화벨 소리 등은 이러한 백색소음을 구성한다. 이러한 소리들은 컴퓨팅 과정의 인위적 흔적을 감추고, 사용자의 주의를 분산시켜 초현실적인 몰입감을 유지하는 데 중요한 역할을 한다(Kern & Ellermeier, 2020).

② AI 아바타 목소리

목소리 반응 연구에 따르면 AI 스피커의 성별이 사용자와 일치하거나, 또는 목소리의 사실성이 높을 때 아바타와 친밀감을 형성하게 된다(양은별 외 2인, 2021). 또한 가상 공간에서 친목을 위해 대화를 할 때 사용자들은 상대 아바타의 실제 목소리를 실제 이미지 보다 더 중요시 생각하며 이는 신뢰감에 핵심적인 요인이다(강민정, 2025). 따라서 가상 공간에서 목소리는 이미지 이상으로 중요한 역할을 한다.

목소리는 사용자의 성별, 인종, 교육 수준 등을 반영하기 때문에 대화 시에 선입견을 가질 수 있기 때문에 목소리 변조에 대한 니즈는 존재한다. 실제로 소셜VR서비스인 '브이알챗(VRChat)'에서 목소리 변조 서비스인 '보이스모드(Voicemod)'를 통해 다양한 목소리 설정이 가능하다. 이러한 아바타 목소리에 대한 관심은 점점 더 커질 것이라 예상이 된다. 구글의 음성 인식 기술, 및 아마존의 음성 변환 서비스인 '폴리(Polly)'와 같은 기술을 통해 AI아바타와 자연스러운 대화가 가능 해졌다. 또한 오디오에 따라 입 모양이 자연스럽게 동기화 되기 때문에 사용자에게 매우 사실적이고 상호작용적인 대화, 몰입감 있는 개인화된 경험을 제공하게 되었다(hackernoon.com, 2023). 따라서 앞으로 소셜VR에서 목소리 설정 기능도 기본으로 제공될 것이라 예상한다.

연구에 따르면 정보 제공시 웃는 목소리는 사용자의 신뢰도를 높일 수 있다(Torre et. al., 2020). 즉, 상대 아바타가 긍정적인 정서 상태를 담은 목소리를 사용하면 상호작용하는 사용자의 정서도 긍정적으로 변화할 수 있다(McStay, 2018). 또한 목소리의 연령대에 따라 사용자에게 전달되는 신뢰감의 수준이 달라지는데 나이가 많은 목소리를 사용할 경우, 신뢰감과 사회적 실재감을 더욱 높일 수 있다는 연구 결과도 있다(Edwards, 2019). 실제 사례에서도 발견 할 수 있는데 예를 들어 아마존(Amazon)의 AI 음성비서, '알렉사(Alexa)'는 행복, 흥분, 슬픔, 공감하는 듯한 감정 반응을 나타내는 기능을 제공 하게 되면서 고객 만족도가 30%나 향상되었다(voicebot.ai, 2019).

4 아바타 제작 툴

아바타 생성 기술은 디지털 세계에서 자아를 표현하는 핵심 요소로 자리잡았으며 각기 다른 산업의 요구를 충족시키기 위해 다양한 접근 방식들이 개발되고 있다. 이번 장에서는 VR환경에서 사용 가능한 주요 아바타 생성 플랫폼들의 특징과 기능을 자세히 살펴보겠다.

표 11에서는 뒤에서 소개할 아바타 제작 서비스들을 제작 유형 및 난이도 별로 분류하고

각각의 특징을 정리하였다.

표 11. 아바타 제작 서비스 사례

제작서비스	특징	대표 이미지	제작 난이도	활용 범위	사용 방법	출시 시기	제작 국가
Ready Player Me (상호운용성)	셀카 기반 또는 커스터마이징 가능한 웹 기반 아바타 서비스		매우 쉬움	VRChat, Mozilla Hubs 등 1,000개 이상의 플랫폼 호환	웹사이트에서 '아바타 만들기' 클릭 후 시작	2020	에스토니아
VIVE Avatar (기업 솔루션)	VIVERSE 플랫폼에서 활용 가능한 아바타 제작		쉬움	VIVERSE 플랫폼	VIVE 웹사이트에서 아바타 생성	2022	대만
MetaHuman Creator (초현실적 표현)	클라우드 기반의 사실적인 디지털 휴먼 제작 도구	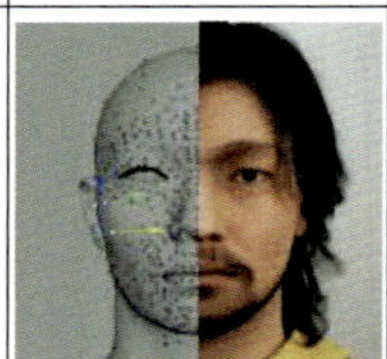	중간	언리얼 엔진을 사용하는 VR/AR 프로젝트, 게임 개발 등	언리얼 엔진 웹사이트에서 Meta Human Creator에 접속하여 아바타 생성	2021	미국
NVIDIA Omniverse ACE (확장 가능한 클라우드 서비스)	사실적이고 지능적인 가상 어시스턴트와 디지털 휴먼을 구축하고 배포할 수 있는 클라우드 기반 AI 도구		어려움	산업 전반의 AI 아바타 개발, 가상 비서, 디지털 휴먼 등	NVIDIA 개발자 포털에서 자료 참고하여 구축	2022	미국

(1) 레디플레이어미(ReadyPlayerMe)

레디플레이어미(Ready Player Me)는 개인과 개발자가 3D 아바타를 쉽게 만들고 활용할 수 있도록 돕는 크로스 플랫폼 서비스이다. 상호 운용이 가능한 맞춤형 아바타로서 사람들이 아바타를 통해 자신을 디자인하고 수십 개의 가상 공간 플랫폼에 이식하여 하나의 아바타가 "모두를 지배"하는 서비스를 제공한다. 사용자는 셀카를 업로드하거나 원하는 외형으로 아바타를 커스터마이즈 한 뒤, 다양한 앱과 게임에서 이를 활용할 수 있다. 개발자는 SDK와 API를 통해 자신만의 앱이나 게임에 아바타 기능을 통합하고, 필요에 따라 수익 창출 도구로 사용자 맞춤 아이템을 판매할 수 있다. 그림 26은 아바타 의상 설정 화면이다.

그림 26. 레디플레이어미 아바타 설정 화면(출처: https://readyplayer.me[26])

(2) 바이브 아바타(VIVEAvatar)

바이브 아바타는 대만의 VR기기 제조회사인 HTC가 개발한 메타버스용 3D 아바타 제작 플랫폼으로 HTC의 메타버스 생태계인 바이버스(VIVERSE)에서 주로 활용된다. 바이버스(VIVERSE)는 다양한 가상 경험과 콘텐츠를 연결하여 분산화 되고 개방된 사용자 경험을 제공하는 플랫폼이다. 바이브 아바타는 그림 27에서 보듯이 4가지 방법으로 아바타 설정이 가능하다. 웹사이트나 모바일 앱을 통해 셀카 기반 아바타 생성, 다양한 커스터마이징 옵션, 스타일라이즈드와 리얼리스틱 스타일 지원 등의 기능을 제공한다. 또한 VRM 파일 형식을 지원하는데, VRM은 VR 애플리케이션용 3D 아바타 데이터를 위한 파일 포맷으로 다양한 플랫폼 간 호환성을 제공한다. 바이브 아바타는 바이버스 생태계와 바이브씽크(VIVE Sync) 같은 VR기반 협업 및 회의 환경에서 사용 가능하다. 직관적인 인터페이스로 빠른 아바타 생성과 최대 15개 아바타 저장을 지원하여 다양한 가상 환경에서 몰입감 있는 경험을 제공한다(vive.com, n.d.).

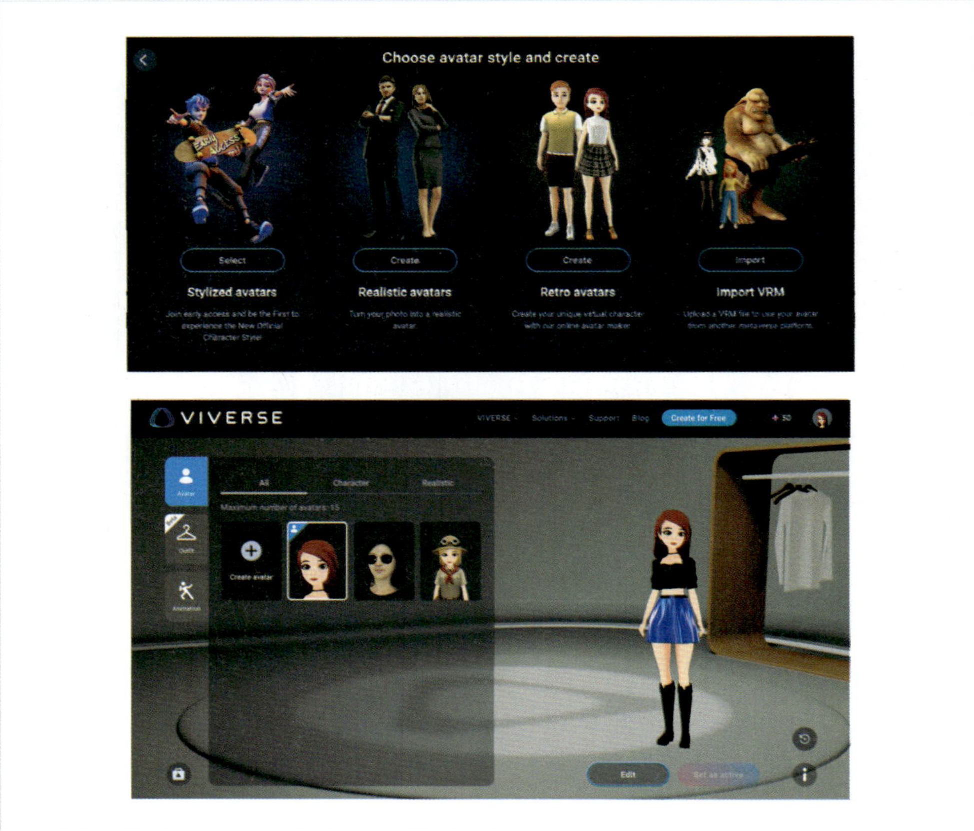

그림 27. VIVERSE 아바타 설정 화면(출처: https://avatar.viverse.com[27])

(3) 메타휴먼 크리에이터(MetaHuman Creator)

메타휴먼크리에이터(MetaHuman Creator)는 에픽게임즈에서 개발한 고품질 디지털 휴먼 제작 도구이다. 이 클라우드 기반 애플리케이션은 사용자가 단시간 내에 사실적이고 상세한 3D 디지털 캐릭터를 생성할 수 있게 해준다. 메타휴먼 프리셋은 실제 사람의 기존 스캔을 기반으로 하며 물리적으로 타당한 조정만 가능하므로 사실적인 디지털 휴먼을 손쉽게 제작할 수 있다. 사용자는 다양한 프리셋 얼굴, 헤어스타일, 체형, 의상 등을 선택하고 조정할 수 있으며, 피부, 눈, 눈썹, 수염 등 세부적인 특징까지 커스터마이징 할 수 있다. 생성된 메타휴먼은 완전히 리깅 되어 있어 얼굴 표정과 신체 움직임을 실시간으로 애니메이션화 할 수 있다. 이 기술은 게임, 영화, 애니메이션, 시뮬레이션, 메타버스 등 다양한 분야에서 활용될 수 있으며, 특히 언리얼 엔진과 통합되어 고성능의 실시간 렌더링을 지원한다(unrealengine.com, n.d.).

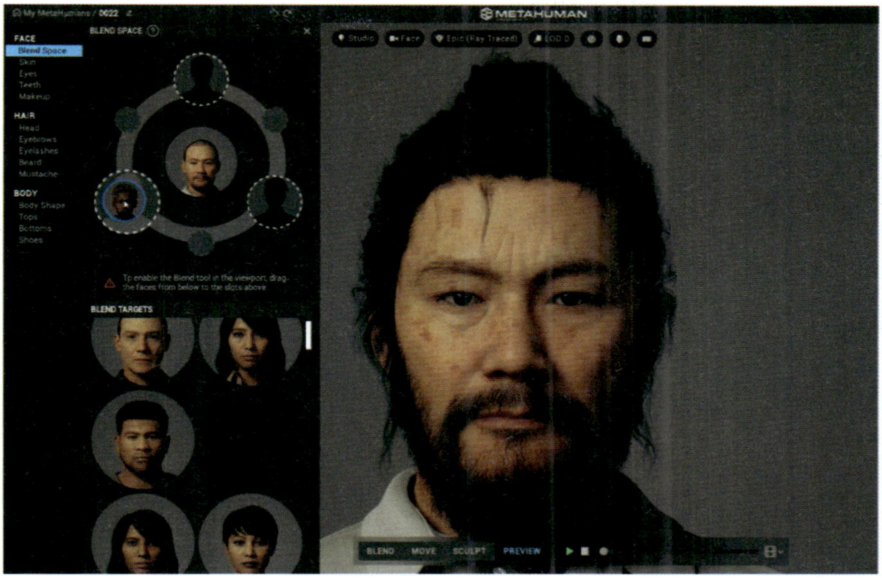

그림 28. MetaHuman Creator(출처: https://www.unrealengine.com[28])

(4) 엔비디아 아바타 클라우드 엔진(NVIDIA Avatar Cloud Engine : ACE)

엔비디아 에이스(NVIDIA ACE)는 생성형 AI를 통해 디지털 인간에 생명을 불어넣는 기술 모음으로 산업 전반에 걸쳐 경험을 향상시키는 대화형 디지털 휴먼을 구축할 수 있도록 도와준다. ACE에는 최소한의 전문 지식만으로도 캐릭터에 생명을 불어넣을 수 있는 간편한 애니메이션 기능과 클라우드 배포 기능이 포함되어 있어, 레스토랑 키오스크, 태블릿, 가상현실(VR) 헤드셋 등 다양한 환경에서 아바타를 손쉽게 활용할 수 있다.

예를 들어 위에서 소개한 리얼플레이어미의 아바타부터 메타휴먼의 사실적인 아바타까지 자연스러운 대화 애니메이션 적용이 가능하다.

3D 애니메이션 AI 마이크로서비스: 오디오투페이스(Audio2Face) 기술을 사용해 오디오 파일만으로 실감나는 얼굴 애니메이션을 생성. 언리얼엔진((Unreal Engine) 또는 다른 렌더링 도구 등에서 만든 캐릭터에 생명력을 불어넣음.

2D 애니메이션 AI 마이크로서비스: 라이브 포트레이트(Live Portrait) 기능으로 2D 초상화나 스타일화 된 인물 얼굴을 실시간 비디오 피드로 애니메이션화.

음성 합성 마이크로서비스: NVIDIA Riva TTS를 사용해 자연스러운 음성을 합성.

그림 29. NVIDIA ACE 아바타 기술 사례(출처: https://blogs.nvidia.com[29])

3-3 메타버스 아바타 디자인 가이드 및 사용자 테스트

아바타는 메타버스에서 우리 자신을 표현하는 방식이 될 것이기에 미래에 필수적인 부분이다. 그렇다면 디지털 아바타는 어떻게 디자인해야 할까? 앞서 언급한 내용들을 바탕으로 아바타를 만들 때 기억해야 할 10가지 가이드를 제안하고자 한다. 또한 아바타를 제작 후에 그 효과를 검증 할 수 있게 아바타의 사용성 테스트 가이드도 포함하였다.

1 아바타 디자인 가이드

Guide 1. 하나의 아바타 but 상황에 맞게 아바타 스타일을 바꿀 수 있게 디자인한다.

메타버스는 단일한 가상 공간이 아니라, 다양한 목적을 위해 사람들이 방문하는 여러 가상 세계들이 연결된 네트워크이다. 새로운 가상 세계에 들어갈 때마다 새로운 아바타를 만들도록 요구하는 것은 바람직하지 않다. 하나의 아바타가 여러 세계를 자연스럽게 이동할 수 있는 호환성이 반영이 되어야 한다. 이는 소셜 미디어, 게임, 메타버스 플랫폼, 그리고 AR/VR 애플리케이션을 포함한다.

아바타의 호환성 뿐만 아니라 사용 되는 맥락을 고려하는 것도 중요하다. 가상공간에서 아바타는 사용 목적과 대화 대상에 따라 상대방이 느끼는 호감도가 다르기 때문에 상황에 맞게 쉽게 변경할 수 있게 디자인 해야 한다. 예를 들면, 사용자는 가상 게임 내에서 영웅과 같은 아바타로 설정할 수 있지만, 비즈니스 회의를 위한 가상 공간에서는 보다 공식적이고 인지하기 쉬운 아바타가 필요하므로 실제와 유사한 아바타 표현이 더 적합할 것이다. 따라서 대표성을 띄는 하나의 아바타를 설정하되 여러 목적의 아바타를 소유하고 커스터마이징할 수 있는 옵션을 제공하는 것이 필요하다(blockchainresearchlab, 2023).

Guide 2. 빠르고 직관적인 아바타 생성 프로세스를 통해 사용성을 높인다.

아바타를 만드는 방법은 매우 다양하다. 사용자의 사진을 활용하거나, 생성형 AI를 활용해 이미지를 제작할 수 있으며, 각 서비스의 특성에 맞춰 다양한 옵션들을 조합하여 만들 수도 있다.

사용자는 자신의 사진을 이용해서 빠르게 자신과 유사한 아바타를 만들 수 있어야 한다. 셀카를 찍거나 컬렉션에서 기존 사진을 선택 하면 시스템이 이 정보를 기반으로 아바타를 생성하고 나중에 사용자가 손쉽게 아바타를 수정 보완 할 수 있어야 한다.

또한 사용자는 자연어 프롬프트를 통해 원하는 스타일의 아바타를 즉시 생성할 수 있어야 한다. 최신 생성형 AI 모델은 "사이버펑크 스타일의 나", "판타지 세계의 엘프 버전의 나" 등의 복잡한 프롬프트를 이해하고 이에 맞는 아바타를 생성할 수 있다. 이 기능은 다양한 장르와 스타일에 걸쳐 창의적인 아바타 제작을 가능하게 한다.

시스템이 초기 아바타를 생성한 후에는 사용자 직관적인 인터페이스와 생성형 AI를 통해 아바타를 세밀하게 조정할 수 있어야 한다. 이는 헤어스타일, 의상, 액세서리뿐만 아니라 표정, 포즈, 심지어 성격 특성까지 포함한다.

Guide 3. 언캐니한 초현실적 표현은 피한다.

사실적 표현은 현존감과 몰입도를 높이는데 중요한 역할을 하지만 앞에서도 언급했듯이 초현실적인 아바타가 언캐니한 부정적인 느낌을 가져올 수 있기 때문에 너무 추상적이거나 너무 현실적인 시각적 표현 사이에서 적절한 균형을 찾아야 한다.

서비스의 컨셉 또는 아바타 사용 목적에 따라 사용자는 사실적, 비현실적, 또는 이상적 아바타를 선택할 수 있다. 현대 기술은 실제 인물과 동일한 수준의 사실적 아바타 구현을 가능하게 하였으나, 가상 세계의 3D 환경과의 조화를 고려하면 만화적 스타일의 아바타 역시 효과적인 선택이 될 수 있다. 또한 과도한 사실적 표현이 초래할 수 있는 언캐니 밸리 현상을 감안할 때, 스타일라이즈된 만화적 아바타가 오히려 더 나은 사용자 경험을 제공할 수 있다. 따라서 아바타 디자인에 있어 기술적 가능성과 전체적인 가상 환경과의 조화를 고려한 선택이 중요하다(uxplanet.org, 2022).

표 12. 구체화 정도에 따른 아바타 표현

극단적인 추상 3D 아바타 (출처: Minecraft)	만화스타일 (출처:https://genies.com)	사실적 아바타 (출처:https://dev.epicgames.com)

Guide 4. 폭넓은 커스터마이제이션 옵션을 제공하되 기본형은 호감형 얼굴 원칙을 고려한다.

아바타 디자인 시스템은 사용자들에게 다양한 얼굴 유형과 특징을 선택할 수 있는 폭넓은 커스터마이제이션 옵션을 제공해야 한다. 그러나 기본 아바타 모델은 보편적 호감도가 검증된 디자인을 채택하는 것이 효과적이다. 연구 결과에 따르면, 실제 인체 비율과 비교하여 두부가 다소 크고 얼굴이 가로로 넓은 형태의 아바타가 높은 호감도를 보이는 것으로 확인되었다. 이러한 특징을 고려하여 기본 아바타를 디자인한다면 사용자 경험 향상에 기여할 수 있다.

〈호감형 아바타 얼굴 원칙〉

- 살짝 큰 머리
- 머리는 살짝 옆으로 넓게
- 눈 공간은 눈의 지름 보다 살짝 넓게
- 앞 이마, 머리, 턱에는 인간에 비해서 비례적으로 좁은 공간
- 눈의 형태, 눈동자, 동공 같은 디테일을 포함

Guide 5. 비언어적 표현 수단을 적극 반영한다.

얼굴표정, 신체 표현, 목소리 톤과 같은 비언어적 표현은 전체 의사소통의 50% 이상을 차지하기 때문에 인간 커뮤니케이션에 있어서 핵심적인 요소를 차지한다(Albert Mehrabian, 1971). 따라서 디지털 아바타는 사용자의 얼굴 표정을 실시간으로 모방하고 자연스러운 시선 처리가 가능해야 하고 이는 가상 환경에서 사용자 간 자연스러운 상호작용을 유도한다.

최신 AI 기술은 사용자의 얼굴 움직임과 표정을 실시간으로 감지하여 아바타에 즉각 반영할 수 있다. 일례로 Meta Quest Pro는 5개의 적외선 센서를 내장하여 사용자의 얼굴과 눈동자 움직임을 정밀하게 추적하고, 이를 아바타의 표정에 구현한다.

또한 비언어적 표현중 하나인 아바타 음성에 있어서도 사용자의 실제 목소리를 사용하는 것이 가상공간에서 신뢰감과 현존감을 느끼는데 있어서 필수적이다. AI아바타의 경우 감정 반응을 포함한 음성으로 설정하는 것이 중요하다.

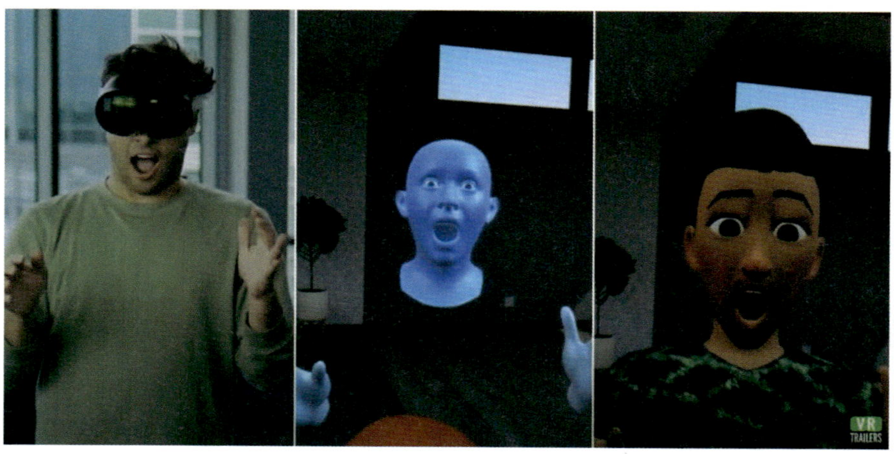

그림 30. 메타퀘스트프로의 실시간 얼굴 표정 사례(출처: VR Trailers & Clips[30])

Guide 6. 가능하면 전신 아바타로 표현한다.

상반신 아바타는 인간에 대한 매우 비현실적인 표현을 생성하고 사용자가 가상 공간에 몰입하는 것을 방해한다. 가능하면 전신 아바타를 디자인하고 사용해야 한다. 호라이존 월드(Horizon Worlds)는 기술적 한계로 상반신 아바타만 제공했었으나 현재는 다리가 추가되어 완전한 아바타 형태가 되었다.

표 13. 호라이존 월드의 아바타 사례

호라이존 월드 – 상반신 아바타(Before)	호라이존 월드 – 전신 아바타(After 2023.09)

Guide 7. 높은 체화 수준과 표준 크기의 아바타는 상호작용에 중요하다.

사실성이 높아 실제 인간처럼 보이지만 부자연스럽게 행동하는 아바타를 볼 때 언캐니함을 느끼기 때문에 메타버스에서도 시선의 변화와 깜빡임, 입술 움직임이 상호작용에 중요하다. 또한 아바타의 체화(embodiment) 수준과 크기는 가상 현실에서 개인 공간 인식과 상호작용에 중요하므로 사용자 경험을 최적화하기 위해 높은 체화 수준과 표준 크기의 아바타 사용이 효과적이다.

Guide 8. 추구하는 자아상에 맞게 신체 특성을 조정할 수 있어야 한다.

프로테우스 효과 이론에서과 같이 아바타의 신체적 표현에 따라 사용자들의 행동이 달라지며, 이는 사용자들의 인식에도 직접적인 영향을 미친다. 일반적으로 아바타의 신체 특성이 사용자의 자아 이미지와 일치하거나 이를 보완할 때, 자기 동일시와 만족감이 높아진다. 그러나 특정 역할이나 캐릭터에 맞춰 신체 비율을 조정하면 사용자 경험이 더욱 향상될 수 있다. 예를 들면 리더십 역할이나 자신감을 필요로 하는 상황에서는 아바타를 크게 표현하고, 겸손하고 신중하며 세밀한 행동을 촉진해야 할 때는 작은 아바타가 적합할 수 있다. 설정 후에는 사용자에게 자신이 설정한 아바타의 신체 특성에 익숙해질 수 있는 시간을 제공하여 자연스러운 상호작용이 가능하도록 해야 한다. 그림 31은 VR 아바타를 통한 프로테우스 효과가 실제 통증 인식을 감소시킬 수 있음을 보여주는 연구에 사용한 이미지 자극물이다. 연구 결과 근육질 아바타 사용 시 일반 아바타 대비 통증 점수 16% 감소하는 것으로 나타났다(Yim el. al., 2024).

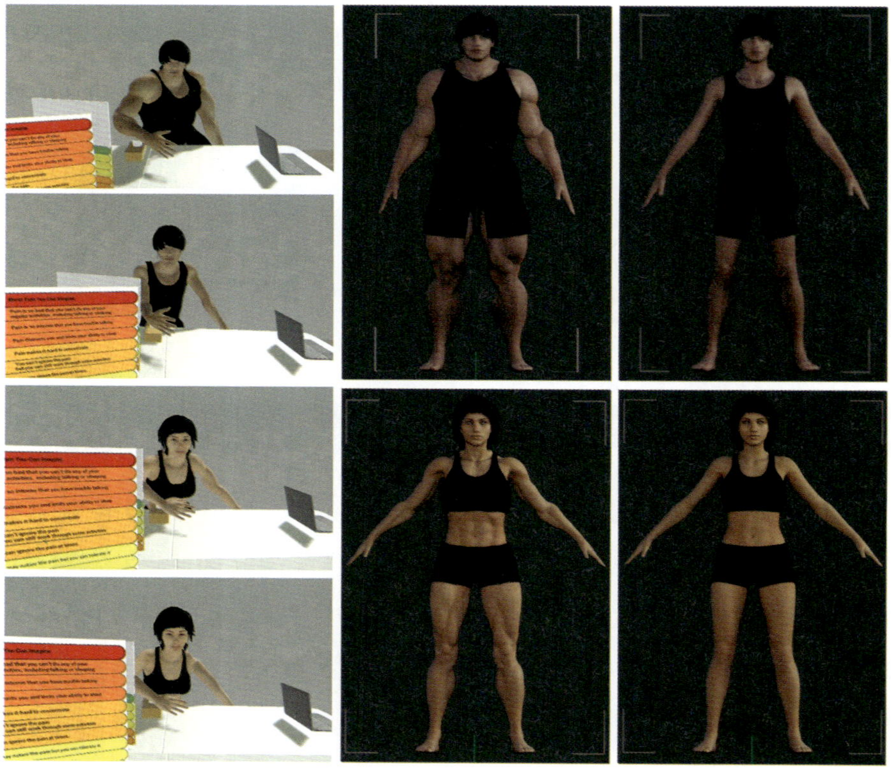

그림 31. 신체 표현에 따른 사용자 인식 변화(출처: Yim el. al., 2024[31])

Guide 9. 정체성을 표현할 수 있는 다양한 스타일 요소를 제공한다.

사용자들은 아바타가 자신의 현실 모습과 완전히 일치하기보다는 개선된 모습을 원하기 때문에 자신의 정체성을 다양한 시각적 방식으로 자유롭게 표현할 수 있게 해주는 것이 중요하다. 이를 위해 피부 톤, 헤어스타일, 수염 등 여러 스타일 요소를 제공하여 사용자가 자신의 개성과 기대에 맞는 스타일을 디자인할 수 있도록 지원해야 한다. 또한, 사용자는 필요에 따라 언제든지 스타일 요소를 변경할 수 있어야 하며, 상황에 따라 가상 공간 내에서 스타일을 바꾸거나 스타일을 정하는 것에 어려움을 느끼는 사용자를 위해 가상 스타일리스트를 방문하는 기능이 필요할 수도 있다.

Guide 10. 디지털 의류를 구매, 판매, 교환할 수 있어야 한다.

아바타를 활용하면 원하는 만큼 자신의 정체성을 드러낼 수 있기 때문에, 아바타의 의상은 이 과정에서 중요한 역할을 한다. 현실 세계에서와 마찬가지로, 아바타는 가상 세계에서 사용자의 감정 상태나 사회적 위치를 표현하므로 사용자는 다른 사람들과 옷을 사고 팔거나 교환할 수 있어야 한다. 본질적으로, 아바타는 디지털 자산을 표현하는 캔버스가 되어야 하며, NFT(대체 불가능한 토큰)는 이러한 디지털 자산이 아바타들 간에 이동될 수 있게 지원해야 한다. 그림 32에서 볼 수 있듯이, PlayerZero와 STEPN은 파트너십을 맺고 아바타 웨어러블 팩을 공동 개발하여, NFT 마켓플레이스인 매직 에덴(Magic Eden)에서 거래할 수 있도록 지원하고 있다.

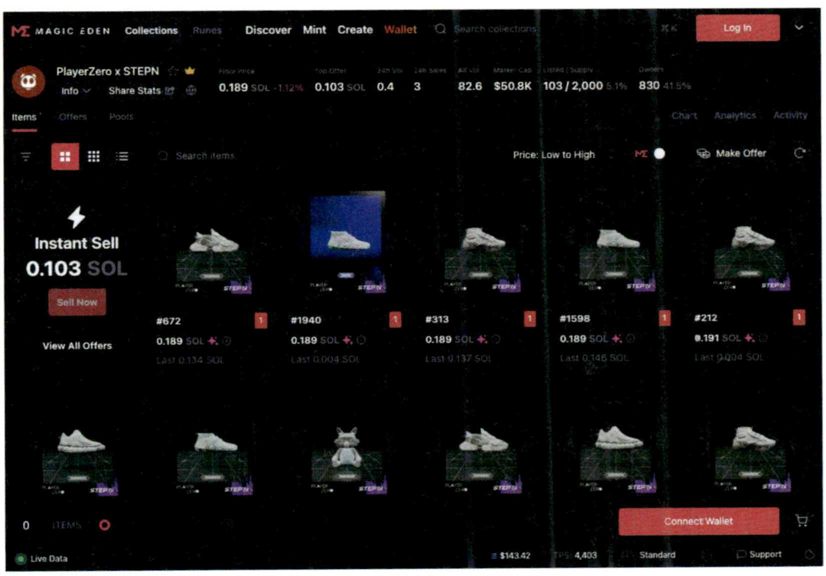

그림 32. PlayerZero x STEPN 아바타 웨어러블 NFT마켓플레이스(출처: magic eden, 2025)[32])

2 아바타 사용성 체크리스트

메타버스 환경에서 아바타는 사용자의 정체성을 반영하고, 메타버스 내 상호작용을 가능하게 하는 핵심 요소이다. 아바타의 움직임, 감정 표현, 조작 방식이 직관적이고 자연스러워야 사용자는 높은 몰입감을 느낄 수 있다. 아바타 사용성 평가에서는 외형이 사용자 경험에 미치는 영향과 조작의 직관성을 검증하는 것이 중요하다. 외형 평가를 통해 아바타의 디자인이 감정 전달과 몰입감을 효과적으로 지원하는지 분석할 수 있으며, 조작 평가를 통해 사용자가 쉽게 움직이고 상호작용할 수 있는지 확인할 수 있다. 이러한 VR 아바타 사용성 테스트를 통해 조작의 편의성, 감정 전달력, 사회적 상호작용의 효과성을 검증하는 것은 아바타의 실용성을 극대화하고, 보다 자연스럽고 만족도 높은 가상 환경을 구축할 수 있다. 다음 표는 아바타의 외모를 평가하는데 기준이 되는 다양한 심리적 개념들이다.

표 14. 아바타 외형을 평가하는 데 다양한 심리적 구조(출처: Aljaroodi et al. (2019))

항목	설명
의인화(Anthropomorphism)	사용자에게 아바타가 얼마나 인간처럼 느껴지는지
매력도(Attractiveness)	사용자가 아바타를 얼마나 매력적으로 느끼는지
신뢰성(Credibility)	사용자가 아바타를 얼마나 신뢰할 수 있다고 생각하는지
즐거움(Enjoyment)	사용자가 아바타와 상호작용을 얼마나 즐기는지
동일시(Identification)	사용자가 아바타와 얼마나 동일시하는지
몰입도(Immersion)	사용자가 아바타를 통해 가상 세계에 얼마나 몰입하는지
사용의도(Intention to use)	사용자가 아바타를 어떻게 사용할 의도가 있는지
호감도(Likeability)	사용자가 아바타를 얼마나 좋아하는지
존재감(Presence)	사용자가 아바타와 함께 가상 세계에 있는 듯한 느낌을 얼마나 받는지
유사성(Similarity)	사용자가 아바타를 자신과 얼마나 비슷하다고 느끼는지
신뢰감(Trust)	사용자가 아바타를 얼마나 신뢰하는지

다음은 소셜 VR 플랫폼의 아바타 사용성 체크리스트이다.

표 15. 아바타 사용성 평가 기준(출처: 강재신 and 강태임, 2019)

이해가능성	정보	아바타 생성 시 제공되는 정보는 이해하기 쉬운가?
	반응속도	아바타 조작 정보 데이터의 로딩 속도는 적절한가?
효율성	아이템 다양화	아바타 아이템은 고르기 쉽게 카테고라이즈 되어 있나?
	정보	아바타 생성과 조작에 관한 정보는 찾기 쉬운가?
효과성	차별화	아바타가 타 소셜VR플랫폼과 차별화된 개성을 가지는가?
	아이템 다양화	아바타 구성 아이템은 사용자 특성을 표현하기에 효과적인가?
복구성	반응속도	아바타의 트래킹 오류시 복구에 걸리는 시간은 빠른가?
	정보	아바타 작동오류 시 에러 메시지 등 정보를 제공하는가?
경험성	정보	아바타를 통해 경험한 정보는 다시 접속 시 불러올 수 있는가?
	반응속도	사용자 움직임에 따른 아바타 반응속도는 적절한가?

참고문헌

1) Aljaroodi, H. M., Adam, M. T., Chiong, R., & Teubner, T. (2019). Avatars and embodied agents in experimental information systems research: A systematic review and conceptual framework. Australasian Journal of Information Systems, 23.

2) Amemiya, T. (2022). Influence of hand-arm self-avatar motion delay on the directional perception induced by an illusory sensation of being twisted. Scientific Reports, 12(1), 6626.

3) Bélisle, J.F., & Bodur, H.O. (2010). Avatars as information: Perception of consumers based on their avatars in virtual worlds. Psychology & Marketing, 27(8), 741-765.

4) Berti, A., and Frassinetti, F., (2000). When far becomes near: Remapping of space by tool use. Journal of Cognitive Neuroscience, 12(3), pp.415-420.

5) Bosch-Sijtsema, P. M., & Sivunen, A. (2013). Professional virtual worlds supporting computer-mediated communication, collaboration, and learning in geographically distributed contexts. IEEE Transactions on Professional Communication, 56(2), 160-175.

6) Buck, L.E., Chakraborty, S., and Bodenheimer, B., (2022). The impact of embodiment and avatar sizing on personal space in immersive virtual environments. IEEE Transactions on Visualization and Computer Graphics, 28(5), pp.2102-2113.

7) Choudhary, Z., Kim, K., Schubert, R., Bruder, G., & Welch, G. F. (2020, March). Virtual big heads: Analysis of human perception and comfort of head scales in social virtual reality. In 2020 IEEE conference on virtual reality and 3D user interfaces (VR) (pp. 425-433). IEEE.

8) Collins English Dictionary, 1998, p.104

9) DeVeaux, C., Han, E., Landay, J. A., & Bailenson, J. N. (2023). Exploring the relationship between attribute discrepancy and avatar embodiment in immersive social virtual reality. Cyberpsychology, Behavior, and Social Networking, 26(11), 835-842.

10) DiSalvo, C. (2002). All Robots Are Not Created Equal: The Design and Perception of Humanoid Robot Heads. Human Computer Interaction Institute and school of Design, Carnegie Mellon University.

11) Edwards, C., Edwards, A., Stoll, B., Lin, X., & Massey, N. (2019). Evaluations of an artificial intelligence instructor's voice: Social Identity Theory in human-robot interactions. Computers in Human Behavior, 90, 357-362.

12) Ekman, P. (2003). Emotions revealed: Recognizing faces and feelings to improve communi

cation and emotional life. Henry Holt and Co.

13) Graziano, M.S., and Cooke, D.F., (2006). Parieto-frontal interactions, personal space, and defensive behavior. Neuropsychologia, 44(6), pp.845-859.

14) Hall, E., (1966). The hidden dimension. New York: Doubleday & Co.

15) Han, E., Miller, M. R., DeVeaux, C., Jun, H., Nowak, K. L., Hancock, J. T., ... & Bailenson, J. N. (2023). People, places, and time: a large-scale, longitudinal study of transformed avatars and environmental context in group interaction in the metaverse. Journal of Computer-Mediated Communication, 28(2), zmac031.

16) Heidicker, P., Langbehn, E., Steinicke, F. (2017). Influence of avatar appearance on presence in social VR. In IEEE symposium on 3D user interfaces (3DUI), pp. 233-234.

17) Holzwarth, M., Janiszewski, C., & Neumann, M. M. (2006). The influence of avatars on online consumer shopping behavior. Journal of marketing, 70(4), 19-36.

18) Inoue, Y., & Kitazaki, M. (2021). Virtual mirror and beyond: The psychological basis for avatar embodiment via a mirror. Journal of Robotics and Mechatronics, 33(5), 1004-1012.

19) Jun, E., Stefanucci, J.K., Creem-Regehr, S.H., Geuss, M.N., Thompson, W.B. (2015). Big foot: Using the size of a virtual foot to scale gap width. ACM Transactions on Applied Perception (TAP), 12(4):1–12.

20) Kammerlander, R.K., Pereira, A., Alexanderson, S. (2021). Using virtual reality to support acting in motion capture with differently scaled characters. In 2021 IEEE Virtual Reality and 3D User Interfaces (VR), pp. 402–410.

21) Kern, A. C., & Ellermeier, W. (2020). Audio in VR: Effects of a soundscape and movement-triggered step sounds on presence. Frontiers in Robotics and AI, 7, 20

22) Kim, D., Yeo, H., & Park, K. (2025). Effects of an Avatar Control on VR Embodiment. Bioengineering, 12(1), 32.

23) Kleinlogel, E.P., Curdy, M., Rodrigues, J., Sandi, C., & Schmid Mast, M. (2021). Doppelganger-based training: Imitating our virtual self to accelerate interpersonal skills learning. Plos One, 16(2), e0245960.

24) Kolesnichenko, A., McVeigh-Schultz, J., & Isbister, K. (2019). Understanding emerging design practices for avatar systems in the commercial social VR ecology. In Proceedings of the 2019 on designing interactive systems conference (pp. 241-252).

25) Linkenauger, S.A., Leyrer, M., Bülthoff, H.H., Mohler, B.J. (2013). Welcome to wonderland:

The influence of the size and shape of a virtual hand on the perceived size and shape of virtual objects. PloS one, 8(7): e68594.

26) Loewen, M.G., Burris, C.T., & Nacke, L.E. (2021). Me, myself, and not-I: self-discrepancy type predicts avatar creation style. Frontiers in Psychology, 11, 1902.

27) Markus, H., & Nurius, P. (1986). Possible selves. American Psychologist, 41, 954–969.

28) Matsuda, Y., Nakamura, J., Amemiya, T., Ikei, Y., & Kitazaki, M. (2021). Enhancing virtual walking sensation using self-avatar in first-person perspective and foot vibrations. Frontiers in Virtual Reality, 2, 654088.

29) McStay, A. Emotional AI: The rise of empathic media, San Francisco, CA: Sage, 2018.

30) Messinger, P. R., Ge, X., Smirnov, K., Stroulia, E., & Lyons, K. (2019). Reflections of the extended self: Visual self-representation in avatar-mediated environments. Journal of Busin ess Research, 100, 531-546.

31) Mori, Masahiro (1970). Bukimi no tani The uncanny valley (K. F. MacDorman & T. Minato, Trans.). Energy, 7(4), 33–35. (Originally in Japanese)

32) Noel, J. P., Blanke, O., & Serino, A. (2018). From multisensory integration in peripersonal space to bodily self-consciousness: From statistical regularities to statistical inference. Ann als of the New York Academy of Sciences, 1426(1), 146-165.

33) Rizzolatti, G., Fadiga, L., Fogassi, L., and Gallese, V., (1997). The space around us. Science, 277(5323), pp.190-191.

34) Rogers, C. (1959). A theory of therapy, personality, and interpersonal relationships as devel oped in the client-centered framework. Reprinted. The Carl Rogers Reader. Boston: Hought on Mifflin.

35) Rosenberg, M. (1979). Conceiving the Self. New York: Basic Books, p. 7.

36) Shin, M., Kim, S.J. & Biocca, F., (2019). The uncanny valley: No need for any further judg ments when an avatar looks eerie. Computers in Human Behavior, 94, pp.100-109.

37) Suler, J. (1999). The psychology of avatars and graphical space in multimedia chat commun ities. The Psychology of cyberspace.

38) Thibault, M., & Bujic, M. (2022). "Mirror Dwellers": Social VR, Identity and Internet Cultu re. In DIGRA.

39) Torre, I., Goslin, J., & White, L. (2020). If your device could smile: People trust happy-soun ding artificial agents more. Computers in Human Behavior, 105, 106215.

40) Wagensveld, L., Nimwegen, C. V., & Bakkes, S. (2023, April). Identifying Body Appreciation by Visualising Actual/Ideal Self-Discrepancy: An Avatar Creation Task. In Proceedings of the 18th International Conference on the Foundations of Digital Games (pp. 1-11).

41) Wang, Y., Geigel, J., & Herbert, A. (2013, September). Reading personality: Avatar vs. human faces. In 2013 Humaine Association Conference on Affective Computing and Intelligent Interaction (pp. 479-484). IEEE.

42) Wilcox, L.M., Allison, R.S., Elfassy, S., and Grelik, C., (2006). Personal space in virtual reality. ACM Transactions on Applied Perception (TAP), 3(4), pp.412-428.

43) Wolf, E., Döllinger, N., Mal, D., Wenninger, S., Bartl, A., Botsch, M., ... & Wienrich, C. (2022). Does distance matter? Embodiment and perception of personalized avatars in relation to the self-observation distance in virtual reality. Frontiers in Virtual Reality, 3, 1031093.

44) Yee, N. and Bailenson, J.N., (2009). The difference between being and seeing: The relative contribution of self-perception and priming to behavioral changes via digital self-representation. Media Psychology, 12(2), pp.195-209.

45) Yee, N., Bailenson, J.N., Ducheneaut, N. (2009). The proteus effect: Implications of transformed digital self-representation on online and offline behavior. Communication Research, 36(2):285–312.

46) Yim, Y., Xia, Z., Kubota, Y., & Tanaka, F. (2024). The proteus effect on human pain perception through avatar muscularity and gender factors. Scientific Reports, 14(1), 11332.

47) 강민정. (2018). 사용 목적에 따른 챗봇의 프로필 이미지 연구. 한국콘텐츠학회논문지, 18(12), 118-129.

48) 강민정. (2025). 가상공간에서 아바타 외모와 목소리의 표현 방식에 따른 사용자 반응 연구: 관계에 따른 차이를 중심으로. 디지털콘텐츠학회논지, 26(2), 297-309

49) 강재신, & 강태임. (2019). 소셜 VR 플랫폼의 사용성 분석-아바타, 환경, 상호작용 및 소통을 중심으로. 커뮤니케이션 디자인학연구, 69, 418-428.

50) 박성준, 박원준, 허하영, & 김진모. (2018). 몰입형 가상현실에서의 협업 기반 다수 사용자 상호작용의 현존감에 관한 연구. Journal of the Korea Computer Graphics Society, 24(3), 11-20.

51) 박소영, 유정균, 이주환. (2017). 가상현실 소셜 네트워크 서비스에서 자기표현을 위한 아바타 유형. 한국 HCI 학회 학술대회, Feb, 906-9.

52) 셰리 터클 저자(글) · 최유식 번역. (2003). 스크린 위의 삶: 인터넷 시대의 아이덴티티. 민

음사.

53) 신형호, & 김희현. (2013, April). 3D 컴퓨터 애니메이션 제작시 사실적 혹은 비사실적 묘사에 관한 연구: 렌더링 방식을 기준으로: 렌더링 방식을 기준으로. In 한국디지털디자인협의회 conference (pp. 255-258).

54) 신홍주, 신미규, 윤현민 & 윤재영, (2022). 메타버스 사용자의 아바타 형성 과정 변화 연구-형태적, 심리적 요인 간 관계를 중심으로. 디자인융복합연구, 21(5), pp.107-125.

55) 양은별 & 류지헌. (2021). 메타버스 학습환경에서 동료와 교사 아바타가 학습실재감과 시각적 주의집중에 미치는 효과. 교육정보미디어연구, 27(4), pp.1629-1653.

56) 양은별, 탁연주 and 류지헌, 2021. AI 스피커에 적용된 아바타와 사용자의 성일치 여부와 아바타 구현의 사실성 수준이 사용의도 및 친밀감에 미치는 영향. Journal of Digital Contents Society, 22(12), pp.2027-2037.

57) 오지희, (2022). 대학생의 메타버스 이용 동기가 만족도와 지속이용의도에 미치는 영향: 가상세계 메타버스를 중심으로. 한국엔터테인먼트산업학회논문지, 16(2), pp.1-17.

58) 윤송이 & 이규혜. (2011). 사회적 자기이미지와 가상공간에서의 아바타 이미지: 이상적 이미지와 실제적 이미지를 중심으로. 복식, 61(9), 1-14.

59) 윤순주. (2004). 아바타 이용자의 자아개념과 소비행동에 관한 연구. 국내석사학위논문, 동국대학교, 서울.

60) 이종윤, 오주연, 이경민 & 송혜숙. (2003). 가상공간에서 아바타 이용동기와 충족에 관한 연구. 동서언로, 15, 85-114.

61) 정나리, 이민지 & 최훈, (2022). 연예인 얼굴과 연예인 기반 아바타에서의 언캐니 밸리. 감성과학, 25(1), pp.91-102.

62) 정희진 & 엄기서. (2001). 가상공간에 나타난 아바타 유형에 관한 사례연구: 국내 아바타 중심으로. 한국디자인문화학회지, 7(1), 319-331.

63) 하흔, & 유희승. (2023). 메타버스 플랫폼 이용자의 아바타를 통한 자기표현 동기가 JOMO에 미치는 영향: FOMO, 사용피로, 단절욕구의 직렬다중매개효과와 나르시시즘의 조절효과를 중심으로. 광고연구, (136), 5-45.

64) https://beautymatter.com/articles/roblox-reveals-genzs-digital-avatar-preferences

65) https://blogs.nvidia.com/blog/omniverse-ace-early-access/

66) https://en.wikipedia.org/wiki/Avatar_(computing)

67) https://en.wikipedia.org/wiki/Uncanny_valley

68) https://engagevr.io/

69) https://hackernoon.com/immersive-vr-conversations-with-ai-avatars-integrating-chatgptgoogle-stt-and-aws-polly
70) https://it.chosun.com/site/data/html_dir/2022/11/23/2022112301250.html
71) https://online.utpb.edu/about-us/articles/communication/how-much-of-communication-is-nonverbal/
72) https://playerzero.me/
73) https://uxplanet.org/metaverse-design-guide-part-1-c902455ddb2b
74) https://voicebot.ai/2019/11/27/alexa-is-learning-to-speak-emotionally/.
75) https://vrcover.com/first-impressions-and-key-features-of-apple-vision-pro/
76) https://wiki.vrchat.com/wiki/VRChat
77) https://www.ajunews.com/view/20220624051707695
78) https://www.blockchainresearchlab.org/wp-content/uploads/2020/05/Avatars-Shaping-Digital-Identity-in-the-Metaverse-Report-March-2023-Blockchain-Research-Lab.pdf
79) https://www.blockchainresearchlab.org/wp-content/uploads/2020/05/Avatars-Shaping-Digital-Identity-in-the-Metaverse-Report-March-2023-Blockchain-Research-Lab.pdf
80) https://www.holodia.com/vr-fitness-blog/how-avatar-customization-can-change-your-holofit-vr-workout/
81) https://www.marketingdive.com/news/timberland-metaverse-fortnite-islandboot-innovation/625277/
82) https://www.mk.co.kr/news/it/10968539
83) https://www.researchandmarkets.com/r/x3zo4t
84) https://www.trendhunter.com/trends/generative-ai-avatar
85) https://www.unrealengine.com/ko/metahuman
86) https://www.uploadvr.com/codec-avatars-2-0-photorealism/
87) https://www.vive.com/us/support/viverse-vr-app/category_howto/ways-of-creating avatars.html
88) https://www.xrtoday.com/virtual-reality/the-role-of-the-avatar-in-the-metaverse/
89) https://zdnet.co.kr/view/?no=20211127204054

이미지 출처

1. https://www.hani.co.kr/arti/PRINT/418699.html
2. https://www.youtube.com/watch?v=2mnonWbzOiQ&t=24s
3. https://readyplayer.me/blog/rtfkt-studios-metaverse-3d-avatars-outfits
4. https://archvirtual.com/virtual-reality-medical/
5. Kleinlogel, E.P., Curdy, M., Rodrigues, J., Sandi, C., & Schmid Mast, M. (2021). Doppelganger-based training: Imitating our virtual self to accelerate interpersonal skills learning. Plo S One, 16(2), e0245960.
6. https://www.prnewswire.com/news-releases/loomielive-brings-lip-syncing-avatars-into-zoom-through-zapps-301152360.html
7. https://www.roblox.com/catalog?Category=3&Subcategory=58&salesTypeFilter=1
8. https://www.youtube.com/watch?v=nBEWCsmq-Yk
9. https://www.meta.com/experiences/2514011888645651/
10. https://www.digitalhealth.net/2024/04/coventry-uni-uses-ai-generated-avatars-to-train-medical-students/
11. https://www.youtube.com/watch?v=_ipX7W_qqlY
12. https://www.digitalbizon.com/news/articleView.html?idxno=2004512
13. https://dappradar.com/blog/what-is-the-sandbox-how-to-join-the-metaverse
14. https://www.marketingdive.com/news/timberland-metaverse-fortnite-islandboot-innovation/625277/
15. https://www.trendhunter.com/trends/generative-ai-avatar
16. 저자제공
17. Mathur, M.B. &Reichling, D.B., (2016). Navigating a social world with robot partners: A quantitative cartography of the Uncanny Valley. Cognition, 146, pp.22-32.
18. Choudhary, Z., Kim, K., Schubert, R., Bruder, G., & Welch, G. F. (2020, March). Virtual big heads: Analysis of human perception and comfort of head scales in social virtual reality. In 2020 IEEE conference on virtual reality and 3D user interfaces (VR) (pp. 425-433). IEEE.
19. DiSalvo, C. (2002). All Robots Are Not Created Equal: The Design and Perception of Humanoid Robot Heads. Human Computer Interaction Institute and school of Design, Carnegie

Mellon University.

20. DiSalvo, C. (2002). All Robots Are Not Created Equal: The Design and Perception of Huma noid Robot Heads. Human Computer Interaction Institute and school of Design, Carnegie Mellon University.
21. Jiskoot, L. C., Poos, J. M., Vollebergh, M. E., Franzen, S., van Hemmen, J., Papma, J. M., ... & van den Berg, E. (2021). Emotion recognition of morphed facial expressions in presympt omatic and symptomatic frontotemporal dementia, and Alzheimer's dementia. Journal of ne urology, 268, 102-113.
22. https://www.youtube.com/watch?v=TX9qSaGXFyg&t=405s
23. Workroom캡쳐 이미지 저자 제공
24 https://x.com/VRDanceAcademy/status/1747336118734032898/photo/1
25. Lee, J., Cheon, M., Moon, S.E. and Lee, J.S., (2016). Peripersonal space in virtual reality: N avigating 3D space with different perspectives. In Adjunct Proceedings of the 29th Annual ACM Symposium on User Interface Software and Technology (pp. 207-208).
26. https://readyplayer.me/
27. https://avatar.viverse.com/avatar
28. https://www.unrealengine.com/en-US/metahuman
29. https://blogs.nvidia.com/blog/omniverse-ace-early-access/
30. https://www.youtube.com/watch?v=p1y6XCiEdxQ
31. Yim, Y., Xia, Z., Kubota, Y., & Tanaka, F. (2024). The proteus effect on human pain percep tion through avatar muscularity and gender factors. Scientific Reports, 14(1), 11332.
32. https://magiceden.us/marketplace/playerzero_x_stepn